くもんの小学ドリル

がんばり3年生 学《がく》習《しゅう》記ろく表《ひょう》

名前

1	2	3	4				8
9	10	11	12	13	14	15	16
17	18	19	20	21	22	23	24
25	26	27	28	29	30	31	32
33	34	35	36	37	38	39	40
41	42	43	44	45	46	47	48
49	50	51	52				

1さつぜんぶ終《お》わったら、
ここに大きなシールを
はりましょう。

あなたは
「くもんの小学ドリル　国語　3年生漢字《かんじ》」を、
さいごまでやりとげました。
すばらしいです！
これからもがんばってください。

3年生のかん字 画数さくいん

数字はページをあらわします。

画数の数え方

かん字の画数は、ひとふでで書くぶぶんを一画として数えます。

れい

丁（1→ 2↓）

「丁」は**2画**です。

② 年生でならったかん字

なかまに分けてあるよ。たしかめておこう！

動《どう》物《ぶつ》

牛 馬 魚 鳥 羽

人

父 母 姉 妹 兄
弟 親 友 自

自ぜん・天気

池 谷 岩 海 星
原 野 晴 雲 雪
風 地

きせつ

春 夏 秋 冬

時

今 朝 昼 夜 時
間 分 半 午 曜
週 毎

物《もの》

米 麦 肉 刀 弓
矢 紙 絵 台 戸

町

船 汽 電 家 門
寺 公 園 交 番
道 店 市 場 室
里 京

体

体 毛 首 頭 顔
声 心

色

色 茶 黄 黒

方角・いち

方 角 東 西 南
北 前 後

教科

国 語 算 数 活
楽 図 画 工 作
理 科 社 会

反《はん》対《だい》

外⇕内　多⇕少
太⇕細　遠⇕近
新⇕古　強⇕弱
行⇕来　話⇕聞
売⇕買

様《よう》子《す》

広 明 長 高

動《うご》き

言 切 引 止 読
書 記 走 歩 食
通 帰 教 回 答
歌 鳴 思 考 知
合 当 直 計 組

形

形 丸 線 点

その他《た》

才 光 万 元 用
同 何

1 丁・区・県・央・州・両

数字は、書きじゅん。
「↓（矢じるし）」は、えんぴつをすすめるむき。

1
① ゆびでなぞりましょう。
丁（はねる）
② 「丁」を書きましょう。
2画　一
読み方：チョウ（テイ）
いみ：・町の小さなくぎり　・数えることば
③ □に「丁」を書きましょう。
五《ご》□《ちょう》目《め》。
豆《とう》ふ二《に》□《ちょう》。

2
① ゆびでなぞりましょう。
区（とめる）
② 「区」を書きましょう。
4画　匚
読み方：ク
いみ：・分ける　・くぎり　・地いきのたんい
③ □に「区」を書きましょう。
□《く》切《ぎ》る。
中央《ちゅうおう》□《く》。

3
① ゆびでなぞりましょう。
県（はらう）
② 「県」を書きましょう。
9画　目
読み方：ケン
いみ：・地方じち体の一つ
③ □に「県」を書きましょう。
秋田《あきた》□《けん》。
□《けん》立《りつ》。

4
① ゆびでなぞりましょう。
央（出す）
② 「央」を書きましょう。
5画　大
読み方：オウ
いみ：・もののまん中　・中心となるところ
③ □に「央」を書きましょう。
中《ちゅう》□《おう》。
公園の中《ちゅう》□《おう》。

5
① ゆびでなぞりましょう。
州（はらう）
② 「州」を書きましょう。
6画　川
読み方：シュウ（す）
いみ：・大きなりく地　・土地のくぎり
③ □に「州」を書きましょう。
九《きゅう》□《しゅう》。
本《ほん》□《しゅう》。

6
① ゆびでなぞりましょう。
両（はねる）
② 「両」を書きましょう。
6画　一
読み方：リョウ
いみ：・ひと組になる二つのもの
③ □に「両」を書きましょう。
□《りょう》親《しん》。
□《りょう》手《て》。

（1～6は全部書いて20点）

月　日
名前
はじめ　時　分
おわり　時　分
かかった時間　分
とく点

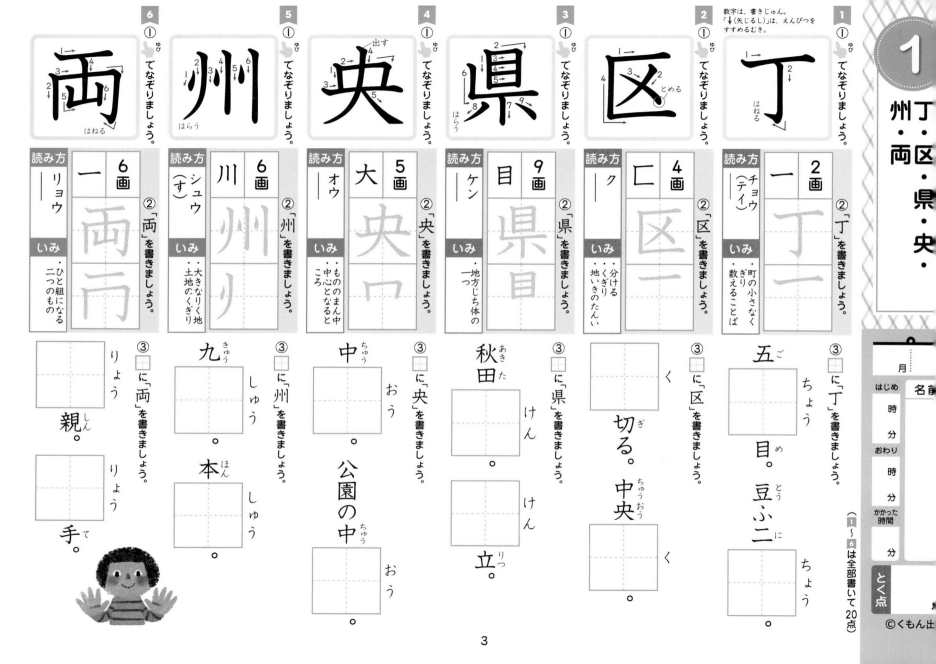

7 ――のかん字の読みがなを書きましょう。（一つ4点）

① 線で区切《ぎ》る。

② 東京都《とうきょうと》港《みなと》区にある会社。

③ 両親と出かける。

④ 長野《ながの》県の中央。

⑤ 五《ご》丁目《め》の交さ点。

⑥ 県立の高校。

⑦ 九州と本州。

⑧ 両手で持《も》つ。

8 □にかん字を書きましょう。（一つ4点）

① 九《きゅう》□《しゅう》の福岡《ふくおか》□《けん》。

② 本《ほん》□《しゅう》の中《ちゅう》□《おう》。

③ □《りょう》手《て》を広げる。

④ 東京都《とうきょうと》の大田《おおた》□《く》に住《す》む。

⑤ 土地を□《く》切《ぎ》る。

⑥ □《りょう》親《しん》がよろこぶ。

⑦ 三《さん》□《ちょう》目《め》の角。

⑧ □《けん》立《りつ》のはく物館《ぶつかん》。

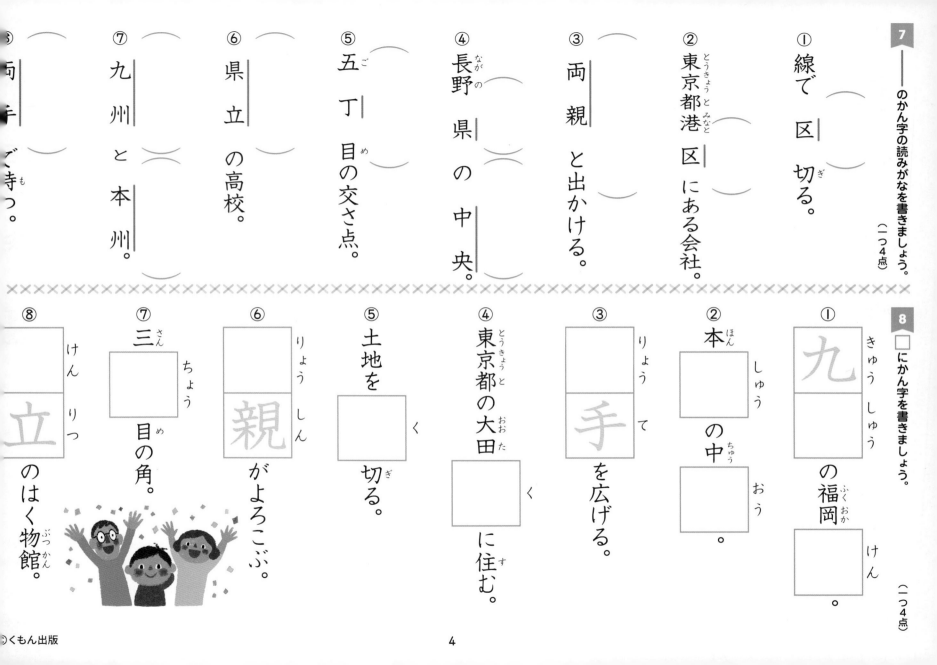

2 化・去・式・具・身

（1～5は全部書いて28点）

月	日
はじめ	時　分
おわり	時　分
かかった時間	分
名前	
とく点	

1

① ゆびでなぞりましょう。

化（右から・はねる）

② 「化」を書きましょう。

化	4画
ヒ	
読み方	カ・(ケ)　ばける　ばかす
いみ	・形などがかわってべつのものになる

③ □に「化」を書きましょう。

□《か》石《せき》。人に□《ば》ける。

2

① ゆびでなぞりましょう。

去（長く）

② 「去」を書きましょう。

去	5画
ム	
読み方	キョ・コ　さる
いみ	・すぎる　・いなくなる　・とりのぞく

③ □に「去」を書きましょう。

□《きょ》年《ねん》を思い出す。

過《か》□《こ》と未来《みらい》。雨雲が□《さ》る。

3

① ゆびでなぞりましょう。

式（はねる）

② 「式」を書きましょう。

式	6画
弋	
読み方	シキ　―
いみ	・きまったやり方　・計算のやり方をあらわしたもの

③ □に「式」を書きましょう。

正《せい》□《しき》。

入学《にゅうがく》□《しき》。

4

① ゆびでなぞりましょう。

具（とめる）

② 「具」を書きましょう。

具	8画
八	
読み方	グ　―
いみ	・道ぐやしなもの　・そろえる

③ □に「具」を書きましょう。

家《か》□《ぐ》。

道《どう》□《ぐ》。

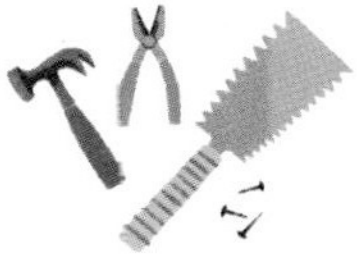

5

① ゆびでなぞりましょう。

身（出す・はねる）

② 「身」を書きましょう。

身	7画
身	
読み方	シン　み
いみ	・体　・自分の　・なかみ

③ □に「身」を書きましょう。

□《しん》長《ちょう》。

□《み》の回《まわ》り。

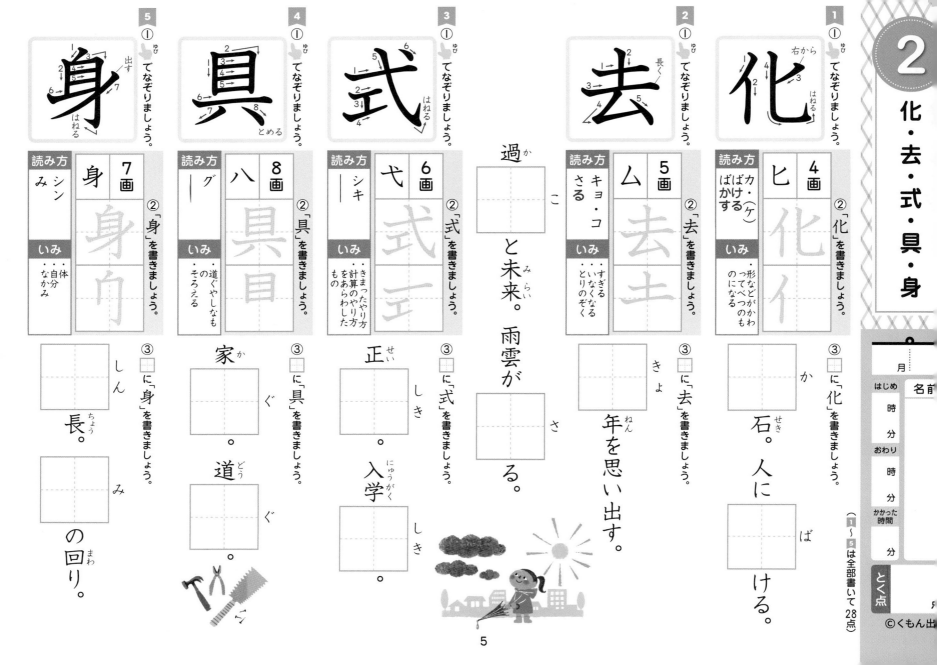

6 ―のかん字の読みがなを書きましょう。（一つ4点）

① きょうりゅうの化石。（　　）

② せん手が走《はし》り去る。（　　）

③ 身の回《まわ》りの世話《せわ》。（　　）

④ 道具を使《つか》う。（　　）

⑤ 姉のけっこん式。（　　）

⑥ 去年買った服《ふく》。（　　）

⑦ 過去と未来《みらい》。（か）

⑧ たぬきが人に化ける。（　　）

⑨ 身長がのびる。（　　）

7 □にかん字を、（　）におくりがなを書きましょう。（一つ4点）

① 大工さんの道《どう》□《ぐ》。

② □《み》の回《まわ》りのかたづけ。

③ □《しん》長《ちょう》をはかる。

④ □《きょ》年《ねん》の遠足。

⑤ 車が走《はし》り□《さ》る。

⑥ きつねが□（ける）《ばける》。

⑦ □《か》石《せき》の発《はっ》くつ。

⑧ 弟の入学《にゅうがく》□《しき》。

⑨ 過《か》□《こ》の出来事《できごと》。

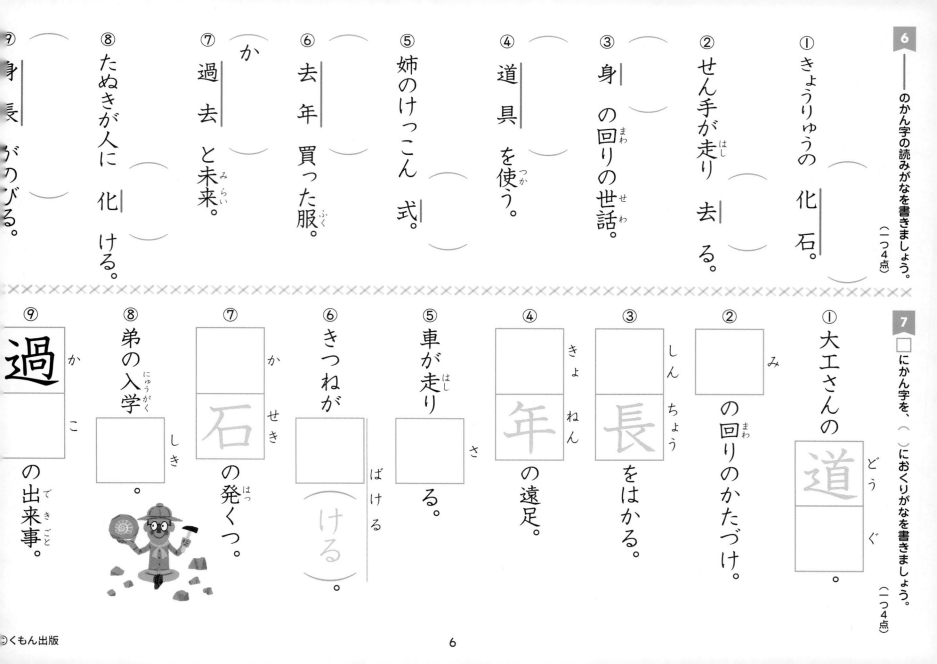

3 反・対・予・定・決

（1～5は全部書いて20点）

月　日

名前

はじめ　時　分

おわり　時　分

かかった時間　分

とく点　点

1

① 指《ゆび》でなぞりましょう。

反

② 「反」を書きましょう。

4画　又

読み方：ハン・（ホン）・（タン）　そる・そらす

いみ：・もとにもどる　・さからう　・まがる

③ □に「反」を書きましょう。

□《はん》対《たい》。体を□《そ》らす。

2

① 指《ゆび》でなぞりましょう。

対

② 「対」を書きましょう。

7画　寸

読み方：タイ（ツイ）

いみ：・むき合う　・二つでひと組のもの

③ □に「対」を書きましょう。

□《たい》決《けつ》。□《たい》戦《せん》。

3

① 指《ゆび》でなぞりましょう。

予

② 「予」を書きましょう。

4画　亅

読み方：ヨ

いみ：・前もって　あらかじめ

③ □に「予」を書きましょう。

□《よ》習《しゅう》。□《よ》感《かん》。

4

① 指《ゆび》でなぞりましょう。

定

② 「定」を書きましょう。

8画　宀

読み方：テイ・ジョウ　さだめる　さだまる　（さだか）

いみ：・きめる　・きまっていること

③ □に「定」を書きましょう。

予《よ》□《てい》。三角□《じょう》規《ぎ》。

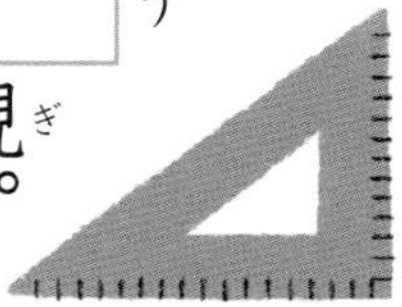

場所《ばしょ》を決《けっ》□《てい》する。目《もく》ひょうを□《さだ》める。

5

① 指《ゆび》でなぞりましょう。

決

② 「決」を書きましょう。

7画　氵

読み方：ケツ　きめる　きまる

いみ：・思いきる　・きめる　・とりきめ

③ □に「決」を書きましょう。

□《けつ》意《い》。題《だい》を□《き》める。

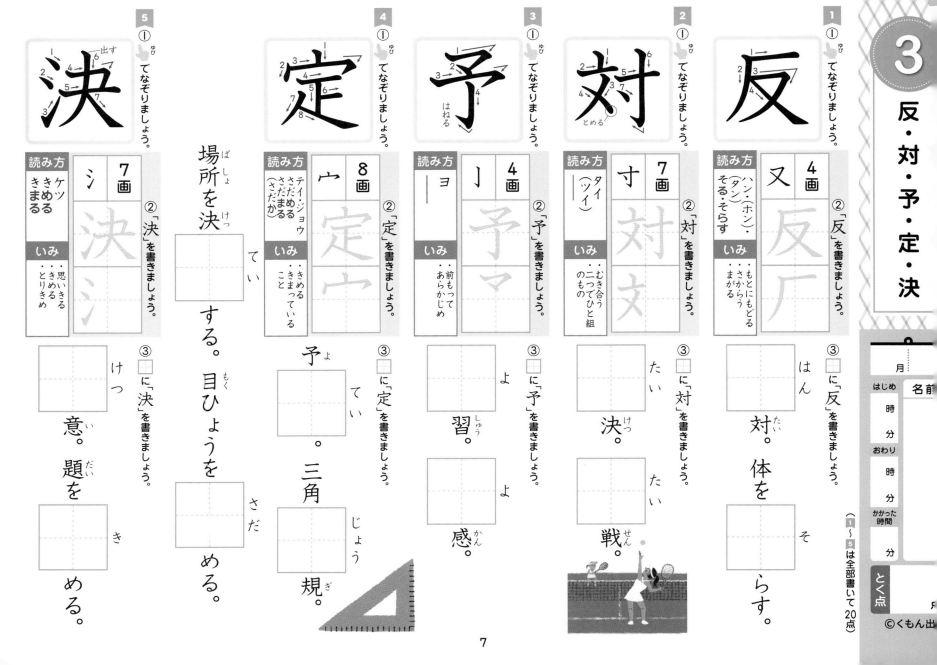

6 ―のかん字の読みがなを書きましょう。（一つ5点）

① 国語の予習《しゅう》。

② 三角定規《ぎ》。

③ 代表《だいひょう》が決定する。

④ みんなで決める。

⑤ 予定を立てる。

⑥ 道の反対がわ。

⑦ 体を反らす。

⑧ 目《もく》ひょうを定める。

7 □にかん字を、（　）におくりがなを書きましょう。（一つ5点）

① 三角□《じょう》規《ぎ》を使《つか》う。

② ねらいを□（める）。《さだめる》

③ 今週の□□《よてい》。

④ むねを□（らす）。《そらす》

⑤ □□《はんたい》の方向《ほうこう》に進《すす》む。

⑥ 明日《あす》の□《よ》習《しゅう》をする。

⑦ 行き先が□□《けってい》する。

⑧ 会う日を□（める）。《きめる》

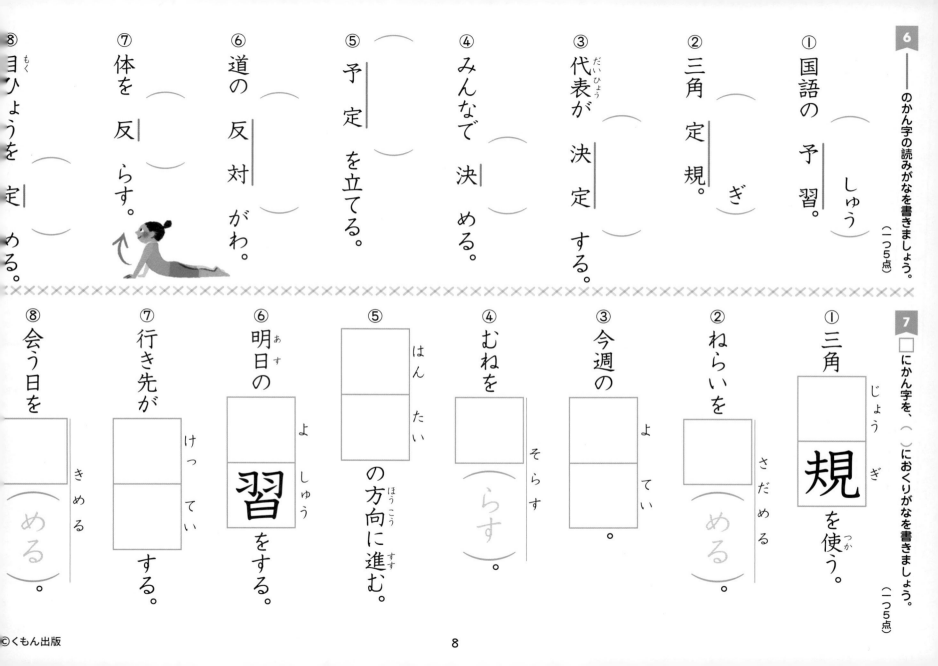

4 かくにんドリル①

月　日

名前

はじめ　時　分

おわり　時　分

かかった時間　分

とく点　点

1 ―のかん字の読みがなを書きましょう。（一つ2点）

① 長崎《ながさき》県に住《す》む。

② 道具をかたづける。

③ 入学《にゅうがく》式の写真《しゃしん》。

④ ゆう勝《しょう》が決定する。

⑤ 反対の意見《いけん》を出す。

⑥ 運動場《うんどうじょう》の中央。

2 ―のかん字の読みがなを書きましょう。（一つ4点）

①
たぬきが人に化ける。
貝の化石。

②
去年を思い出す。
げんざいと過《か》去。

③
明日《あす》の予定。
定規《ぎ》で線を引く。

④
身の回《まわ》りの整理《せいり》。
身長をはかる。

3 □にかん字を書きましょう。（一つ4点）

① 姉のけっこん□《しき》。

② □□《きゅうしゅう》地方の天気。

③ バスが走《はし》り□《さ》る。

④ 来週の□□《よてい》。

⑤ せん手が□□《けってい》する。

⑥ 五《ご》□《ちょう》目《め》の公園。

⑦ 部屋《へや》を□《く》切《ぎ》る。

⑧ □□《りょうしん》と出かける。

⑨ □□《きょねん》の出来事《できごと》。

⑩ 大工さんの□□《どうぐ》。

4 ——のことばをかん字とおくりがなで書きましょう。（一つ4点）

① きつねがばける。

② ねらいがさだまる。

③ 会う時間をきめる。

④ 体を後ろにそらす。

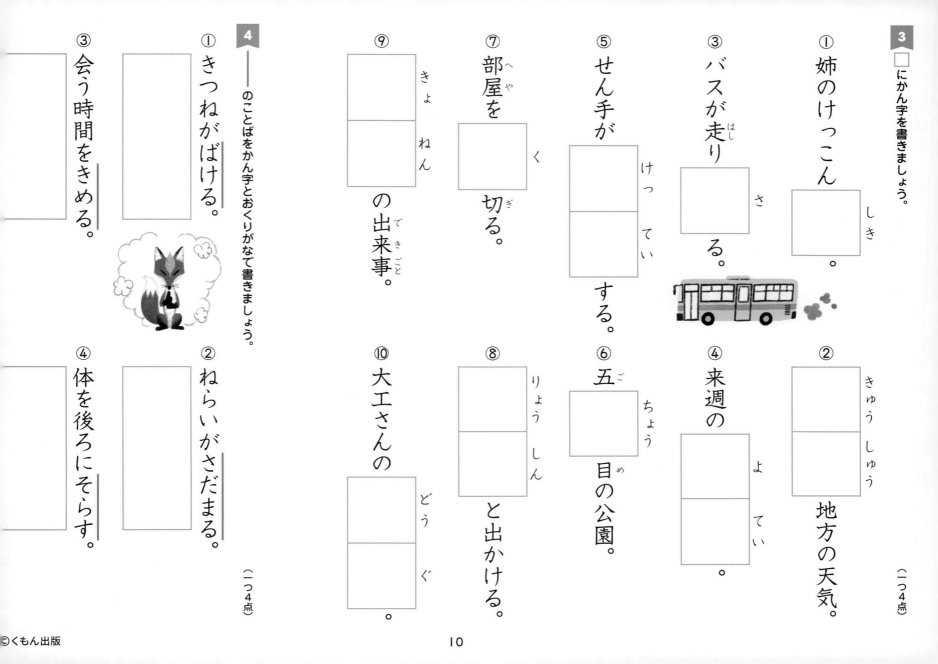

5 安・全・次・死・始

★は、読み書きをまちがえやすいかん字です。

月　日

はじめ　時　分

おわり　時　分

かかった時間　分

名前

とく点　点

（1～5は全部書いて12点）

1

① ゆび でなぞりましょう。

安

② 「安」を書きましょう。

6画　宀

読み方：アン　やすい

いみ：・やすらか　・やすい　・やさしい

③ □に「安」を書きましょう。

□《あん》全《ぜん》。

□《やす》い品物《しなもの》。

2

① ゆび でなぞりましょう。

全

② 「全」を書きましょう。

6画　入

読み方：ゼン　まったく　すべて

いみ：・かけたところがない　・そろって

③ □に「全」を書きましょう。

□《ぜん》部《ぶ》。

□《まった》く。

□《すべ》て。

3

① ゆび でなぞりましょう。

次

② 「次」を書きましょう。

6画　欠

読み方：ジ　（シ）　つぐ・つぎ

いみ：・あとにつづく　・じゅんじょ

③ □に「次」を書きましょう。

□《じ》回《かい》。

本の目《もく》□《じ》。

★ 事《じ》こが相《あい》□《つ》ぐ。

□《つぎ》の日になる。

4

① ゆび でなぞりましょう。

死

② 「死」を書きましょう。

6画　歹

読み方：シ　しぬ

いみ：・いのちがなくなる　・いのちがけ

③ □に「死」を書きましょう。

ひっ□《し》。

魚が□《し》ぬ。

5

① ゆび でなぞりましょう。

始

② 「始」を書きましょう。

8画　女

読み方：シ　はじまる　はじめる

いみ：・新しく何かをする　・ものごとのおこり

③ □に「始」を書きましょう。

開《かい》□《し》。

歌《うた》い□《はじ》める。

6 ――のかん字の読みがなを書きましょう。（一つ4点）

① 試《し》合《あい》を開（かい）始（　）する。

② 全（　）てが安（　）い店。

③ 金魚が死（　）ぬ。

④ 事《じ》こが相《あい》☆次（　）ぐ。

⑤ 次（　）の話を始（　）める。

⑥ 全（　）くわからない。

⑦ 次（　）回（　）が楽しみだ。

⑧ 安（　）全（　）をたしかめる。

⑨ ひっ死（　）に追《お》う。

7 □にかん字を、（　）におくりがなを書きましょう。（一つ4点）

① □（て）《すべて》が□（い）《やすい》。

② □（く）《まったく》知らない。

③ □回《じかい》まで待《ま》つ。

④ ひっ□《し》に走る。

⑤ □《つぎ》の作《さ》業《ぎょう》を開《かい》□《し》する。

⑥ ☆事《じ》けんが相《あい》□《つ》ぐ。

⑦ 本を読《よ》み□（める）《はじめる》。

⑧ □□《あんぜん》な場《ば》所《しょ》。

⑨ 小鳥が□《し》ぬ。

6 写・真・豆・短・秒

月　日
名前

はじめ　時　分
おわり　時　分
かかった時間　分
とく点

（1～5は全部書いて28点）

1
① ゆびでなぞりましょう。
写（ひとつづきで書く／はねる）

② 「写」を書きましょう。
写　5画　冖
読み方：シャ　うつす　うつる
いみ：・文字や絵をかきうつす　・しゃしんをとる

③ □に「写」を書きましょう。
□《しゃ》真《しん》。書《か》き□《うつ》す。

2
① ゆびでなぞりましょう。
真

② 「真」を書きましょう。
真　10画　目
読み方：シン　ま
いみ：・本当　・まったくの

③ □に「真」を書きましょう。
□《しん》実《じつ》。□《ま》ん中《なか》。

3
① ゆびでなぞりましょう。
豆（長く）

② 「豆」を書きましょう。
豆　7画　豆
読み方：トウ・ズ　まめ
いみ：・まめ　・小さいものをあらわすことば

③ □に「豆」を書きましょう。
□《とう》ふを食べる。
大《だい》□《ず》をにる。せつ分《ぶん》の□《まめ》まき。

4
① ゆびでなぞりましょう。
短（とめる）

② 「短」を書きましょう。
短　12画　矢
読み方：タン　みじかい
いみ：・みじかい　・おとっている

③ □に「短」を書きましょう。
□《たん》時間《じかん》。□《みじか》い文。

5
① ゆびでなぞりましょう。
秒

② 「秒」を書きましょう。
秒　9画　禾
読み方：ビョウ　—
いみ：・時間などのたんい（六十びょうで一分）

③ □に「秒」を書きましょう。
十《じゅう》□《びょう》。□《びょう》読《よ》み。

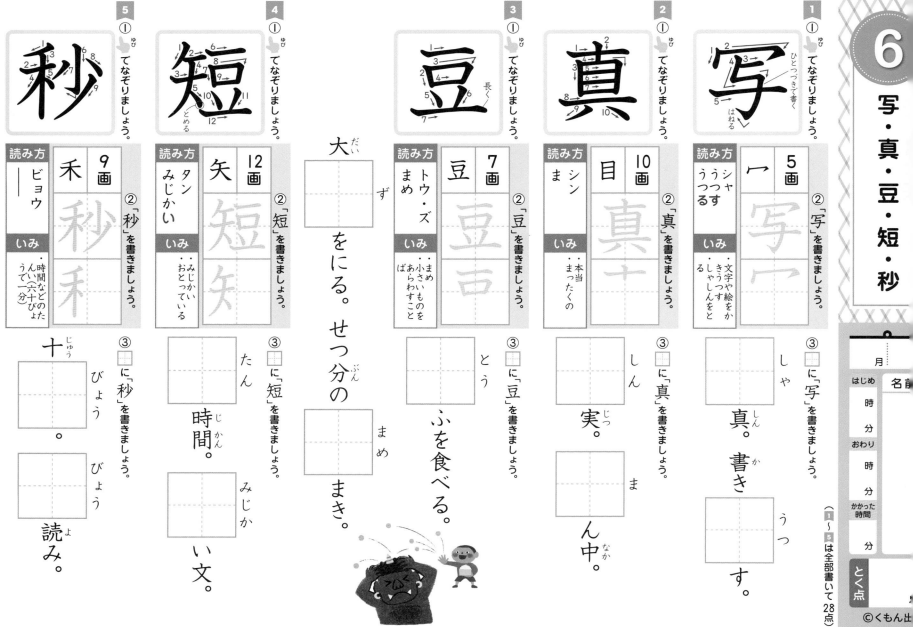

6 ―のかん字の読みがなを書きましょう。（一つ4点）

① やわらかい豆ふ。（　）

② 文章《ぶんしょう》を書《か》き写す。（　）

③ 短時間《じかん》で本を読む。（　）

④ 豆を食べる。（　）

⑤ 真ん中《なか》の人。（　）

⑥ 遠足の写真。（　）

⑦ 短いえん筆《ぴつ》。（　）

⑧ 十《じゅう》秒かかる。（　）

⑨ 大豆をにる。（　）

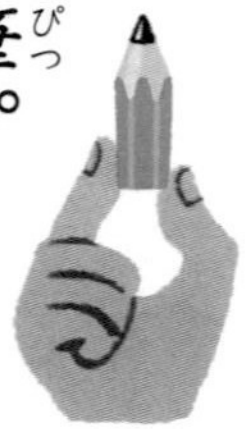

7 □にかん字を、（　）におくりがなを書きましょう。（一つ4点）

① □《みじかい》（い）話を読む。

② せつ分《ぶん》に□《まめ》まきをする。

③ 紙に書《か》き□（す）《うつす》。

④ □《とう》ふを食べる。

⑤ 円の□《ま》ん中《なか》。

⑥ □《たん》時間《じかん》で仕《し》上《あ》げる。

⑦ 家族《かぞく》□□《しゃしん》をとる。

⑧ 大□《だいず》の料理《りょうり》。

⑨ 一分は六十《ろくじゅう》□《びょう》。

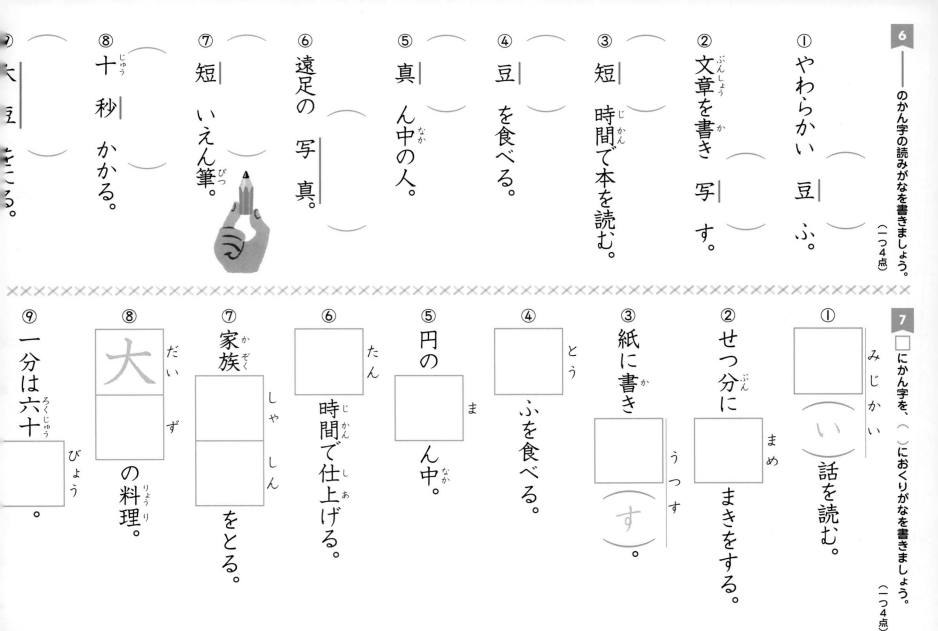

7 世・界・仕・事・期

★は、読み書きをまちがえやすいかん字です。

月	日
はじめ	時　分
おわり	時　分
かかった時間	分
名前	
とく点	

（1～5は全部書いて28点）

1

① ゆび《ゆび》でなぞりましょう。

世

② 「世」を書きましょう。

画数	部首	読み方	いみ
5画	一	セイ・セ／よ	・人の一生 ・じだい ・社会

③ □に「世」を書きましょう。

二十一《にじゅういっ》□《せい》紀《き》になる。

□《せ》界《かい》中《じゅう》を旅《たび》する。

□《よ》の中《なか》。

2

① ゆび《ゆび》でなぞりましょう。

界

② 「界」を書きましょう。

画数	部首	読み方	いみ
9画	田	カイ／―	・さかい ・社会

③ □に「界」を書きましょう。

銀《ぎん》世《せ》□《かい》。

自《し》然《ぜん》□《かい》。

3

① ゆび《ゆび》でなぞりましょう。

仕（みじかく）

② 「仕」を書きましょう。

画数	部首	読み方	いみ
5画	イ	シ・（ジ）／つかえる	・あることをする ・つとめる

③ □に「仕」を書きましょう。

□《し》組《く》み。

王に★□《つか》える。

4

① ゆび《ゆび》でなぞりましょう。

事（はねる）

② 「事」を書きましょう。

画数	部首	読み方	いみ
8画	亅	ジ・（ズ）／こと	・できごと ・ものごと ・しごと

③ □に「事」を書きましょう。

大《だい》□《じ》な話。

仕《し》□《ごと》。

5

① ゆび《ゆび》でなぞりましょう。

期（はねる）

② 「期」を書きましょう。

画数	部首	読み方	いみ
12画	月	キ・（ゴ）／―	・きめられた時間 ・あてにしてまつ

③ □に「期」を書きましょう。

時《じ》□《き》。

休みの□《き》間《かん》。

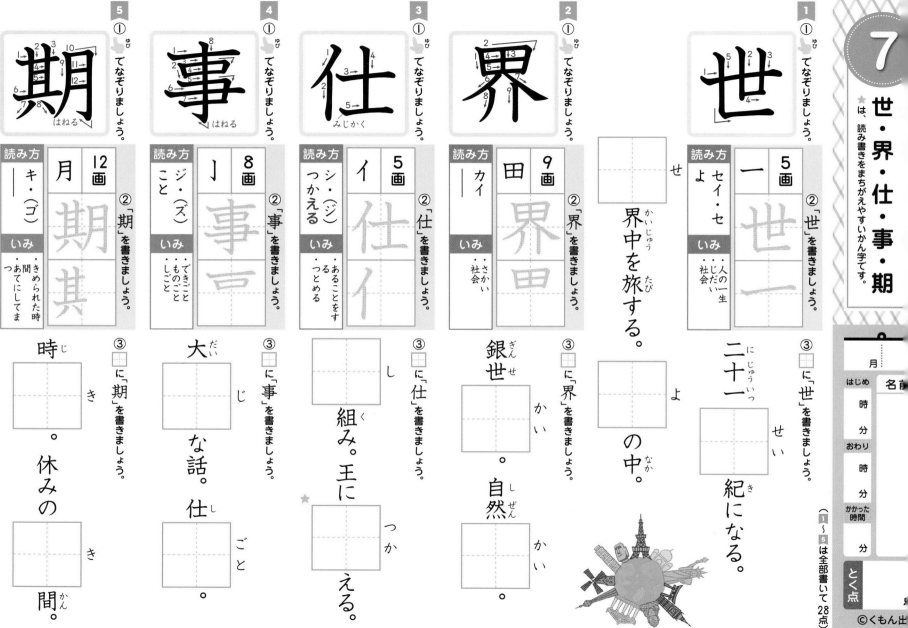

6 ―のかん字の読みがなを書きましょう。（一つ4点）

① きかいの仕組み。（　　）

② 世界の平和《へいわ》。（　　）

③ 大《だい》事な仕事。（　　）（　　）

④ 明るい世の中《なか》。（　　）

⑤ 大会の期間。（　　）

⑥ ★王に仕える。（　　）

⑦ 二十一《にじゅういっ》世紀。（　き　）

⑧ 時期

×××××××××××××××××××××××××××××××

7 □にかん字を、（　）におくりがなを書きましょう。（一つ4点）

① 二十《にじっ》□（せい）紀（き）の出来事《できごと》。

② ★神《かみ》に□（　える　）。（つかえる）

③ 大《だい》□（じ）な□□（しごと）。

④ 夏休みの□□（きかん）。

⑤ □（よ）の中《なか》は広い。

⑥ 時計《とけい》の□□（しく）み。

⑦ 小学生の□□（じき）。

⑧ □□（せかい）の国々《くにぐに》。

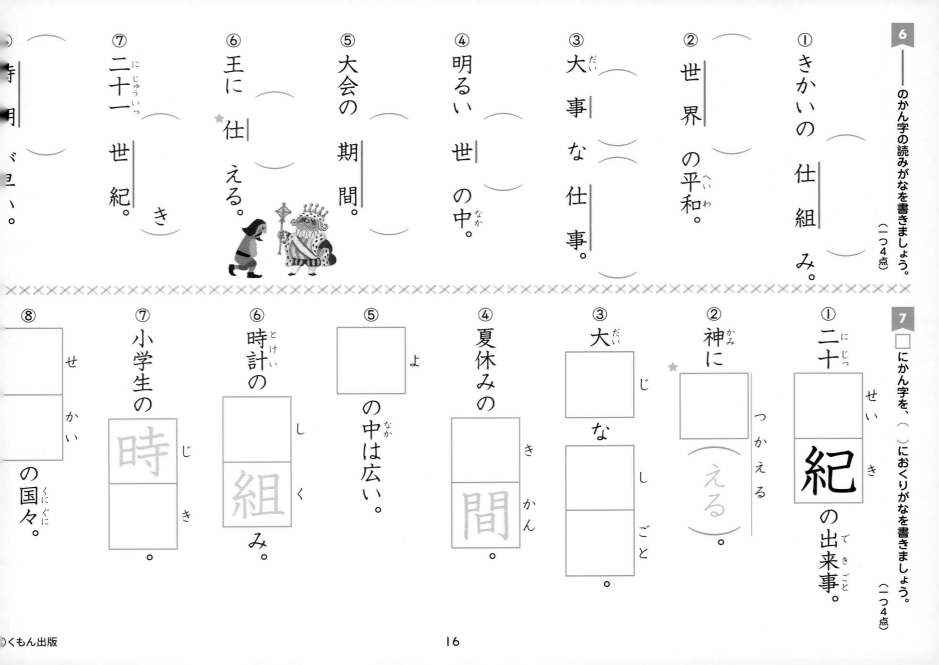

8 かくにんドリル②

★は、読み書きをまちがえやすいかん字です。

月　日

はじめ　時　分

おわり　時　分

かかった時間　分

名前

とく点　点

1 ――のかん字の読みがなを書きましょう。（一つ2点）

① 写真を見る。

② 部屋《へや》の真ん中《なか》。

③ 本を大事にあつかう。

④ 安全な場所《ばしょ》で遊《あそ》ぶ。

⑤ 短時間《じかん》で調《しら》べる。

⑥ 十《じゅう》秒かかる。

2 ――のかん字の読みがなを書きましょう。（一つ4点）

①
事《じ》こが相《あい》★次ぐ。
次回につづく。

②
二丁《にちょう》の豆ふ。
家で豆まきをする。

③
二十一《にじゅういっ》世紀《き》の発明《はつめい》。
世の中《なか》の出来事《できごと》。

④
試合《しあい》を開《かい》始する。
本を読《よ》み始める。

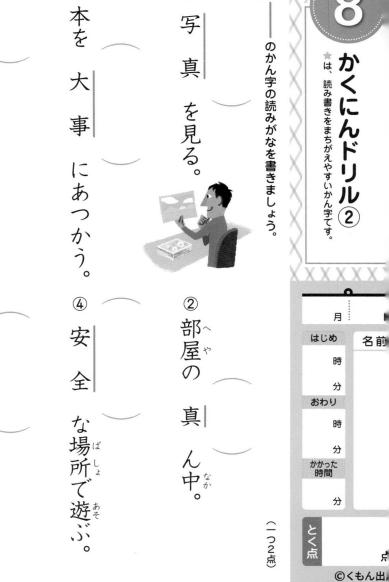

3 □にかん字を書きましょう。（一つ4点）

① □□《せかい》地図。

② □《つぎ》の人をよぶ。

③ ひっ□《し》に走る。

④ □□《だいず》の料理《りょうり》。

⑤ 休みの□□《きかん》。

⑥ 交通□□《あんぜん》。

⑦ 魚が□《し》ぬ。

⑧ 父の□□《しごと》。

4 ――のことばをかん字とおくりがなで書きましょう。（一つ4点）

① すべて食《た》べ終《お》わる。 □

② みじかいひも。 □

③ まったくかん係《けい》ない。 □

④ ★ 王様《おうさま》につかえる。 □

⑤ 手本を書《か》きうつす。 □

⑥ やすい魚を買う。 □

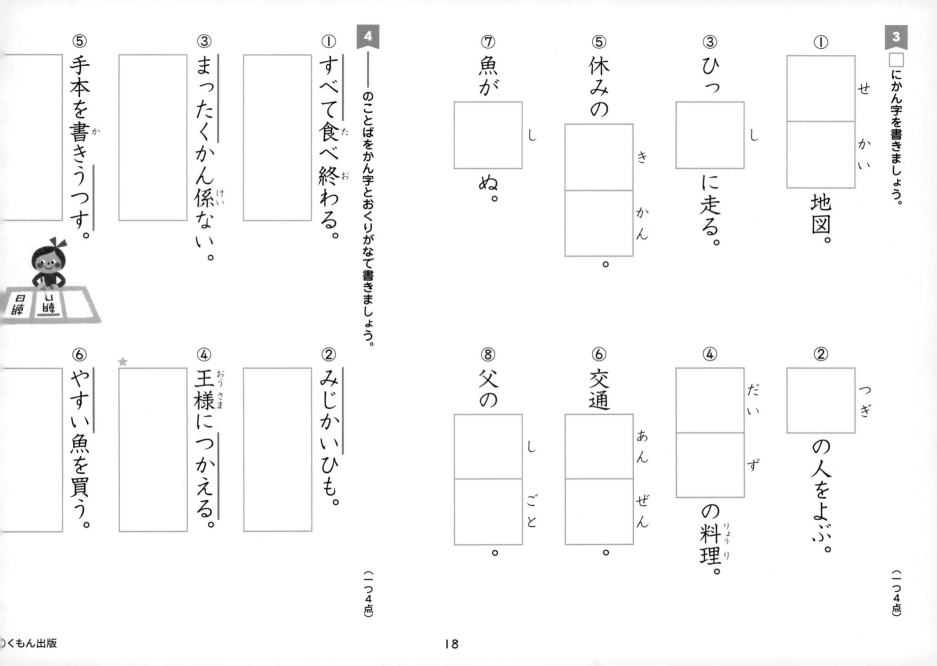

9 医・者・病・院・研・究・

月　日　名前

はじめ　時　分
おわり　時　分
かかった時間　分
とく点　点

（1～6は全部書いて20点）

1

① ゆび でなぞりましょう。

医

② 「医」を書きましょう。

部首	画数	読み方	いみ
匸	7画	イ ―	・びょう気やけがをなおす

③ □に「医」を書きましょう。

□《い》者《しゃ》。

□《い》院《いん》。

2

① ゆび でなぞりましょう。

者

② 「者」を書きましょう。

部首	画数	読み方	いみ
耂	8画	シャ もの	・あることにかんけいのある人

③ □に「者」を書きましょう。

学《がく》□《しゃ》。

人《にん》気《き》□《もの》。

3

① ゆび でなぞりましょう。

病

② 「病」を書きましょう。

部首	画数	読み方	いみ
疒	10画	ビョウ・(ヘイ) やまい (やむ)	・体のぐあいがわるくなる ・なやみくるしむ

③ □に「病」を書きましょう。

□《びょう》気《き》。

重《おも》い□《やまい》。

4

① ゆび でなぞりましょう。

院

② 「院」を書きましょう。

部首	画数	読み方	いみ
阝	10画	イン ―	・大きなたてもの

③ □に「院」を書きましょう。

入《にゅう》□《いん》。

病《びょう》□《いん》に通う。

5

① ゆび でなぞりましょう。

研

② 「研」を書きましょう。

部首	画数	読み方	いみ
石	9画	ケン (とぐ)	・ものごとをふかく見きわめる

③ □に「研」を書きましょう。

□《けん》究《きゅう》。

自《じ》由《ゆう》□《けん》究《きゅう》。

6

① ゆび でなぞりましょう。

究

② 「究」を書きましょう。

部首	画数	読み方	いみ
穴	7画	キュウ (きわめる)	・しらべて明らかにする

③ □に「究」を書きましょう。

原《げん》いんの□《きゅう》明《めい》。

研《けん》□《きゅう》。

（原いんをつきつめて明らかにすること）

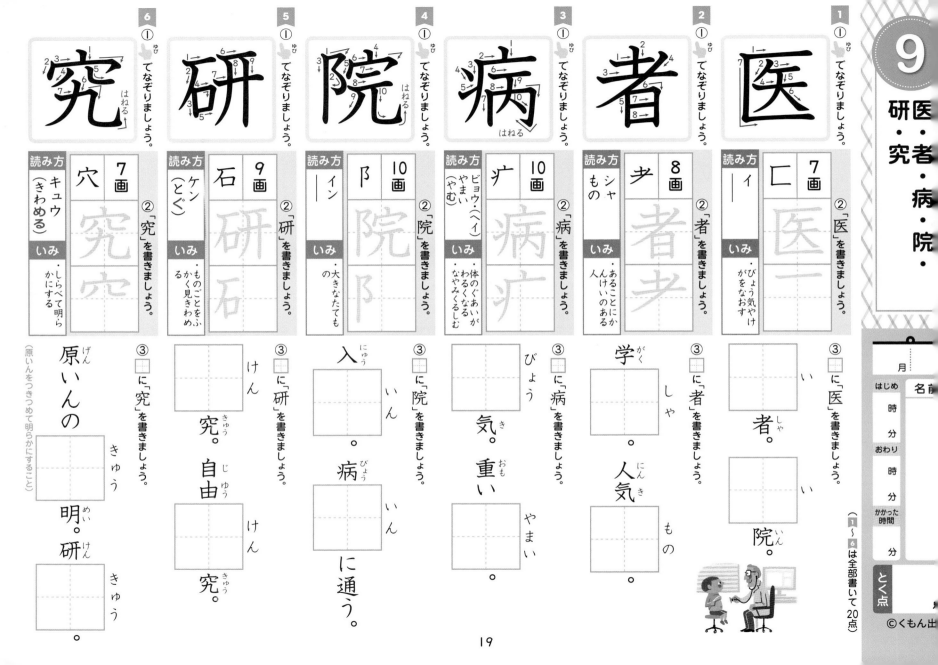

7 ——のかん字の読みがなを書きましょう。（一つ5点）

① 医者（　　）にみてもらう。

② 病気（　　）がなおる。

③ 重《おも》い病（　　）。

④ 原《げん》いんを究明（　　）する。

⑤ 県立《けんりつ》の病院（　　）。

⑥ 生物学《せいぶつがく》の研究（　　）。

⑦ 近くの医院（　　）。

⑧ 人《にん》気《き》者（　　）になる。

8 □にかん字を書きましょう。（一つ5点）

① □《びょう》気《き》にかかる。

② 内科の□《い》□《しゃ》。

③ クラスの人気《にんき》□《もの》。

④ □《やまい》にたおれる。

⑤ □《けん》□《きゅう》を発表《はっぴょう》する。

⑥ 駅前《えきまえ》の歯科《しか》□《い》□《いん》。

⑦ 真相《しんそう》を□《きゅう》明《めい》する。

⑧ きゅう急《きゅう》□《びょう》□《いん》。

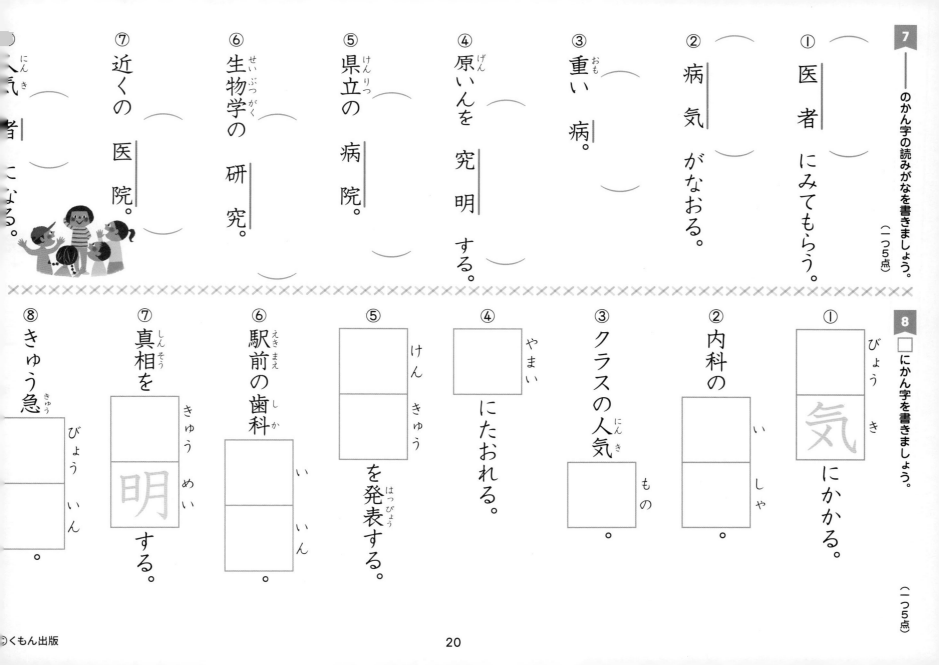

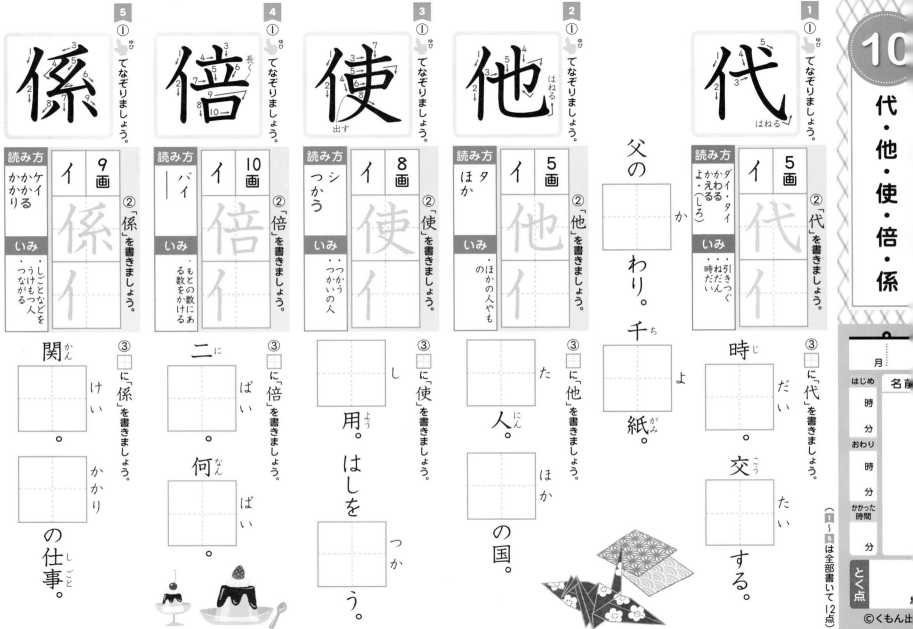

10 代・他・使・倍・係

月　日
はじめ　時　分
おわり　時　分
かかった時間　分
名前
とく点

（1〜5は全部書いて12点）

1

① ゆびでなぞりましょう。

代（はねる）

② 「代」を書きましょう。

イ　5画

読み方：ダイ・タイ　かわる　かえる　よ・（しろ）

いみ：・引きつぐ　・ねだん　・時だい

③ □に「代」を書きましょう。

時□《だい》。

交□《たい》する。

父の□《か》わり。

千《ち》□《よ》紙《がみ》。

2

① ゆびでなぞりましょう。

他（はねる）

② 「他」を書きましょう。

イ　5画

読み方：タ　ほか

いみ：・ほかの人やもの

③ □に「他」を書きましょう。

□《た》人《にん》。

□《ほか》の国。

3

① ゆびでなぞりましょう。

使（出す）

② 「使」を書きましょう。

イ　8画

読み方：シ　つかう

いみ：・つかう　・つかいの人

③ □に「使」を書きましょう。

□《し》用《よう》。

はしを□《つか》う。

4

① ゆびでなぞりましょう。

倍（長く）

② 「倍」を書きましょう。

イ　10画

読み方：バイ　―

いみ：・もとの数にある数をかける

③ □に「倍」を書きましょう。

二《に》□《ばい》。

何《なん》□《ばい》。

5

① ゆびでなぞりましょう。

係

② 「係」を書きましょう。

イ　9画

読み方：ケイ　かかる　かかり

いみ：・しごとなどをうけもつ人　・つながる

③ □に「係」を書きましょう。

関《かん》□《けい》。

□《かかり》の仕《し》事《ごと》。

6 ―のかん字の読みがなを書きましょう。（一つ4点）

① 父の代わりをする。（　）

② はさみを使用する。（　）

③ 親子の関係。（かん）（　）

④ 他より二《に》倍大きい。（　）（　）

⑤ 他人のかさ。（　）

⑥ 千《ち》代紙《がみ》を使う。（　）（　）

⑦ 江戸《えど》時代。（　）

⑧ 係を交代する。（　）（　）

7 □にかん字を、（　）におくりがなを書きましょう。（一つ4点）

① □《た》人《にん》の持《も》ち物《もの》。

② 昭和《しょうわ》時《じ》□《だい》のえい画。

③ □《かかり》を交《こう》□《たい》する。

④ 千《ち》□《よ》紙《がみ》を□（う）《つかう》。

⑤ 関《かん》□《けい》のある事《こと》がら。

⑥ □《ほか》の家より三《さん》□《ばい》広い。

⑦ 父の□（わり）《かわり》に行く。

⑧ プールを□《し》用《よう》する。

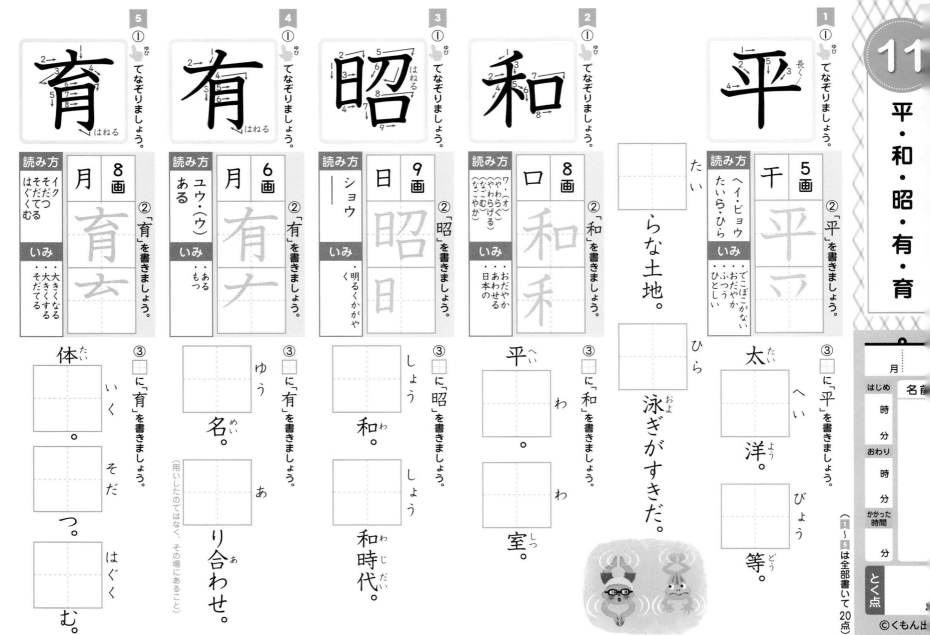

11 平・和・昭・有・育

（1～5は全部書いて20点）

1

① ゆびでなぞりましょう。

平（長く）

② 「平」を書きましょう。

干	5画
読み方	ヘイ・ビョウ たいら・ひら
いみ	・でこぼこがない ・おだやか ・ふつう ・ひとしい

平　平

③ □に「平」を書きましょう。

太《たい》□《へい》洋《よう》。

□《びょう》等《どう》。

□《たい》らな土地。

□《ひら》泳《およ》ぎがすきだ。

2

① ゆびでなぞりましょう。

和

② 「和」を書きましょう。

口	8画
読み方	ワ・（オ） （やわらぐ） （やわらげる） （なごむ） （なごやか）
いみ	・おだやか ・あわせる ・日本の

和　禾

③ □に「和」を書きましょう。

平《へい》□《わ》。

□《わ》室《しつ》。

3

① ゆびでなぞりましょう。

昭（はねる）

② 「昭」を書きましょう。

日	9画
読み方	ショウ —
いみ	・明るくかがやく

昭　日

③ □に「昭」を書きましょう。

□《しょう》和《わ》。

□《しょう》和《わ》時《じ》代《だい》。

4

① ゆびでなぞりましょう。

有（はねる）

② 「有」を書きましょう。

月	6画
読み方	ユウ・（ウ） ある
いみ	・ある ・もつ

有　ナ

③ □に「有」を書きましょう。

□《ゆう》名《めい》。

□《あ》り合《あ》わせ。

（用いしたのではなく、その場にあること）

5

① ゆびでなぞりましょう。

育（はねる）

② 「育」を書きましょう。

月	8画
読み方	イク そだつ そだてる はぐくむ
いみ	・大きくなる ・大きくする ・そだてる

育　亠

③ □に「育」を書きましょう。

体《たい》□《いく》。

□《そだ》つ。

□《はぐく》む。

月　日

名前

はじめ　時　分

おわり　時　分

かかった時間　分

とく点

6 ――のかん字の読みがなを書きましょう。（一つ4点）

① 有（　）り合《あ》わせの紙。

② 平和（　）な世《せ》界《かい》。

③ 有名（　）な人に会う。

④ 平（　）らな道。

⑤ 子犬が育（　）つ。

⑥ 昭和（　）時《じ》代《だい》。

⑦ 平等（　どう）に育（　）む。

⑧ 体育（　）の時間。

⑨ 平（　）泳《およ》ぎがうまい。

7 □にかん字を、（　）におくりがなを書きましょう。（一つ4点）

① ［ゆう］［名（めい）］な場《ば》所《しょ》。

② ［あ］り合《あ》わせのおかず。

③ ［しょう］［わ］五十年生まれ。

④ ［ひら］泳《およ》ぎを練《れん》習《しゅう》する。

⑤ 草木が［そだ］（つ）。

⑥ ［体（たい）］［いく］でボールを使《つか》う。

⑦ ［たい］（ら）な土地。

⑧ ［へい］［わ］をねがう。

⑨ ［びょう］［等（どう）］に［はぐく］む。

12 かくにんドリル③

月	日	名前
はじめ	時	分
おわり	時	分
かかった時間		分
とく点		点

1 ――のかん字の読みがなを書きましょう。（一つ2点）

① 体育がすきだ。

② 平泳《およ》ぎがとく意《い》だ。

③ 新しい時代。

④ 平和にくらす。

⑤ 定規《じょうぎ》を使用する。

⑥ 他人のくつ。

2 ――のかん字の読みがなを書きましょう。（一つ4点）

① 町の人気者。
医者の仕事《しごと》。

② せん手の交代。
きれいな千代紙。

③ 有名な場所《ばしょ》。
有り合《あ》わせのもの。

④ 病院につとめる。
病にかかる。

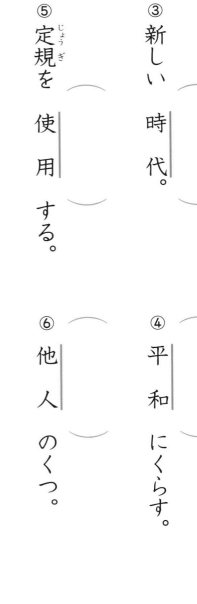

3 □にかん字を書きましょう。　（一つ4点）

① 親子の関《かん》□《けい》。

② 動《どう》物《ぶつ》の□□《けんきゅう》。

③ いつもの二《に》□《ばい》歩く。

④ □《ほか》の国。

⑤ 子を□《はぐく》む。

⑥ □《びょう》等《どう》に分ける。

⑦ □□《しょうわ》生まれの母。

⑧ 学生□□《じだい》の父。

⑨ □《かかり》の仕《し》事《ごと》。

⑩ □□《へいわ》をねがう。

4 ——のことばをかん字とおくりがなで書きましょう。　（一つ4点）

① 金魚を<u>そだてる</u>。　□

② 母の<u>かわり</u>に話す。　□

③ スプーンを<u>つかう</u>。　□

④ <u>たいら</u>で広い土地。　□

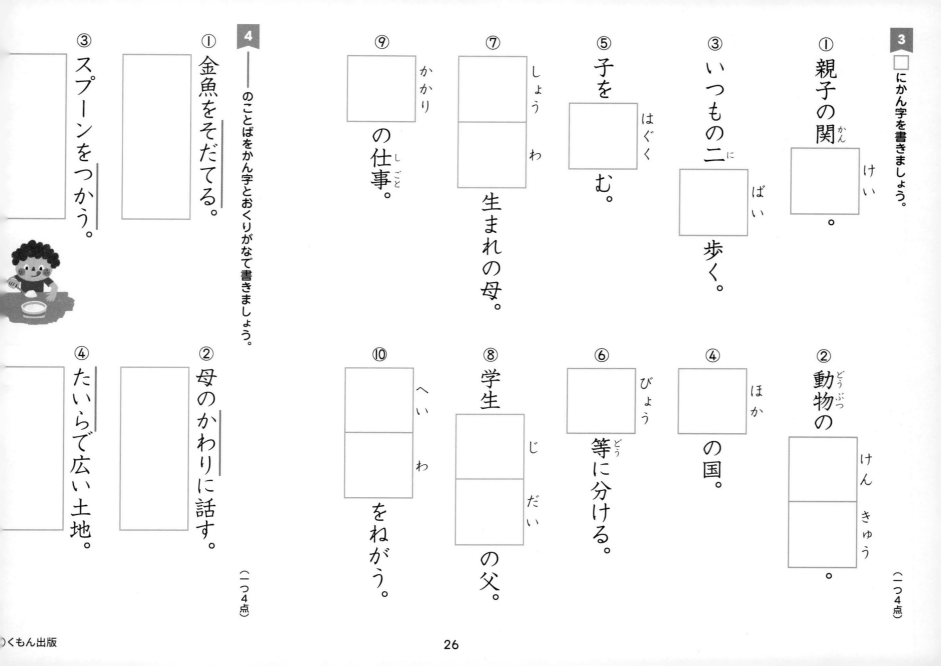

13 洋服・送・委・員・放

★は、読み書きをまちがえやすいかん字です。

月　日

はじめ　時　分
おわり　時　分
かかった時間　分

名前

とく点

(1〜6は全部書いて28点)

1

① でなぞりましょう。

放

② 「放」を書きましょう。

文	8画

読み方：ホウ／はなす・はなつ／はなれる／ほうる

いみ：・じゆうにする　・そのままにする

③ □に「放」を書きましょう。

［ほう］水《すい》。

★［はな］す。

［ほう］る。

2

① でなぞりましょう。

送

② 「送」を書きましょう。

辶	9画

読み方：ソウ／おくる

いみ：・人を見おくる　・ものをとどける

③ □に「送」を書きましょう。

放《ほう》［そう］。

手紙を［おく］る。

3

① でなぞりましょう。

委

② 「委」を書きましょう。

女	8画

読み方：イ／ゆだねる

いみ：・人にまかせる

③ □に「委」を書きましょう。

［い］員《いん》。

父に［ゆだ］ねる。

4

① でなぞりましょう。

員

② 「員」を書きましょう。

口	10画

読み方：イン

いみ：・人の数　・あるしごとや、やく目の人

③ □に「員」を書きましょう。

全《ぜん》［いん］。

駅《えき》［いん］。

5

① でなぞりましょう。

洋

② 「洋」を書きましょう。

氵	9画

読み方：ヨウ

いみ：・大きい海　・西よう

③ □に「洋」を書きましょう。

［よう］食《しょく》。

太平《たいへい》［よう］。

6

① でなぞりましょう。

服

② 「服」を書きましょう。

月	8画

読み方：フク

いみ：・きるもの

③ □に「服」を書きましょう。

洋《よう》［ふく］。

［ふく］そう。

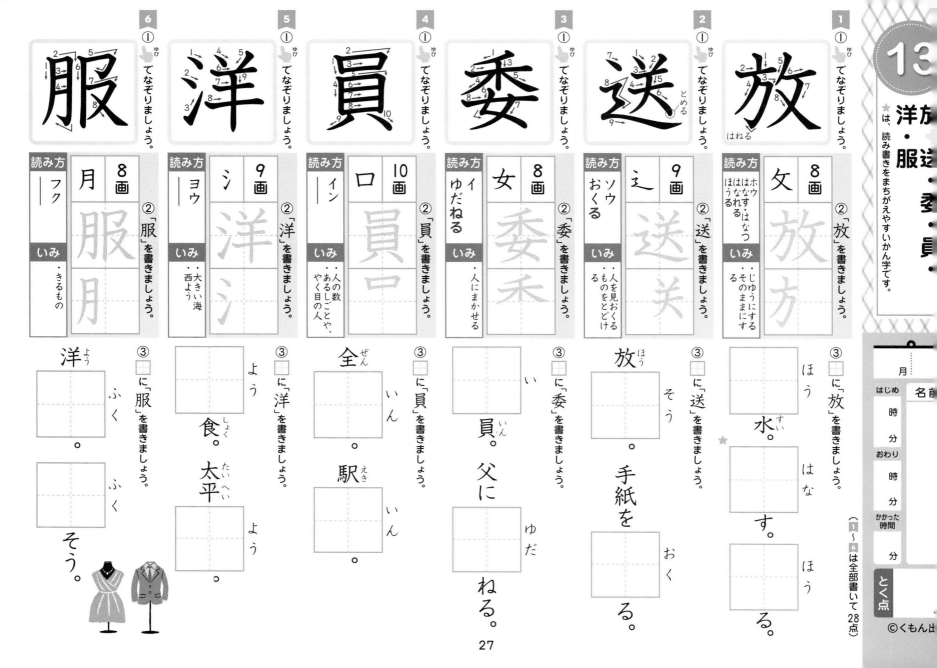

7 ——のかん字の読みがなを書きましょう。（一つ4点）

① 学級《がっきゅう》委員をえらぶ。（　）

② 手紙を送る。（　）

③ 森の中に鳥を★放す。（　）

④ 洋服を放る。（　）（　）

⑤ 太平洋を進《すす》む船。（　）

⑥ 医学《いがく》に身《み》を委ねる。（　）

⑦ 服そうを整《ととの》える。（　）

⑧ 校内放送を聞く。（　）

×××

8 □にかん字を、（　）におくりがなを書きましょう。（一つ4点）

① きちんとした□（ふく）そう。

② ★川に魚を□（はな）（す）。

③ テレビの□□（ほうそう）。

④ □□（ようふく）を□（ほう）る。

⑤ 学級《がっきゅう》の□□（いいん）の仕事《しごと》。

⑥ 荷物《にもつ》を□（おく）（る）。

⑦ 太平□（たいへいよう）の島々《しまじま》。

⑧ 運命《うんめい》に□（ゆだ）（ねる）。

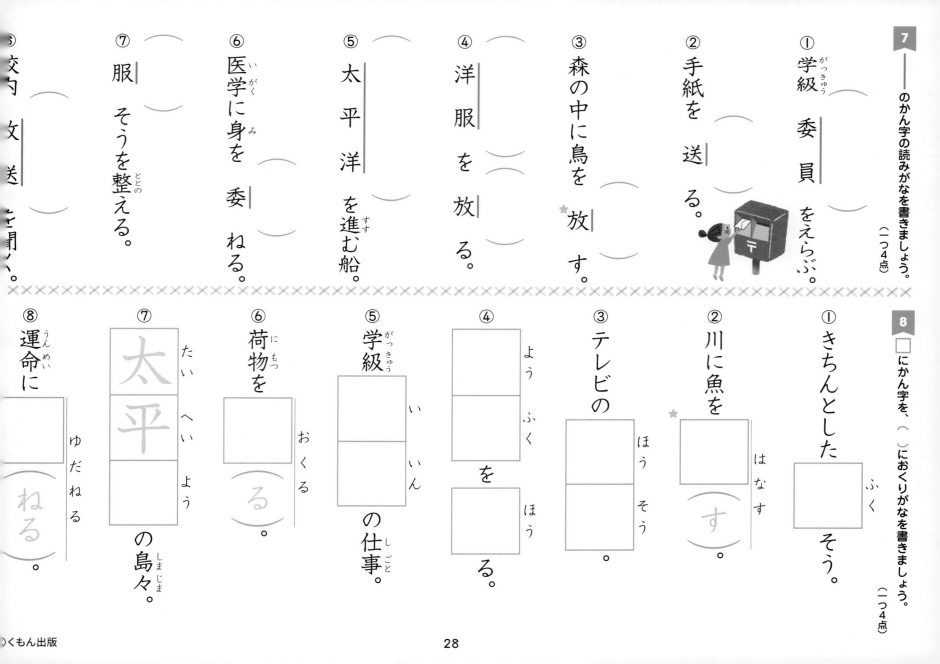

14 打・拾・指・投・役

（1～5は全部書いて20点）

月　日
名前
はじめ　時　分
おわり　時　分
かかった時間　分
とく点　点

1

① 《ゆび》でなぞりましょう。

打（はねる）

② 「打」を書きましょう。

扌　5画

読み方：ダ　うつ

いみ：・たたく　・うつ

③ □に「打」を書きましょう。

□《だ》球《きゅう》。ボールを□《う》つ。

2

① 《ゆび》でなぞりましょう。

拾

② 「拾」を書きましょう。

扌　9画

読み方：シュウ（ジュウ）　ひろう

いみ：・ひろう　・とり上げる

③ □に「拾」を書きましょう。

貝を□《ひろ》う。□《ひろ》い物《もの》。

3

① 《ゆび》でなぞりましょう。

指（はねる）

② 「指」を書きましょう。

扌　9画

読み方：シ　ゆび・さす

いみ：・ゆび　・方こうや目ひょうをしめす

③ □に「指」を書きましょう。

先生が□《し》名《めい》をする。

親《おや》□《ゆび》と小《こ》□《ゆび》。北を□《さ》す。

4

① 《ゆび》でなぞりましょう。

投（はねる）

② 「投」を書きましょう。

扌　7画

読み方：トウ　なげる

いみ：・手でものをほうる　・なげる

③ □に「投」を書きましょう。

□《とう》手《しゅ》。遠くへ□《な》げる。

5

① 《ゆび》でなぞりましょう。

役

② 「役」を書きましょう。

彳　7画

読み方：ヤク・（エキ）　―

いみ：・つとめ　・げきなどでの、うけもち

③ □に「役」を書きましょう。

□《やく》に立《た》つ。□《やく》わり。

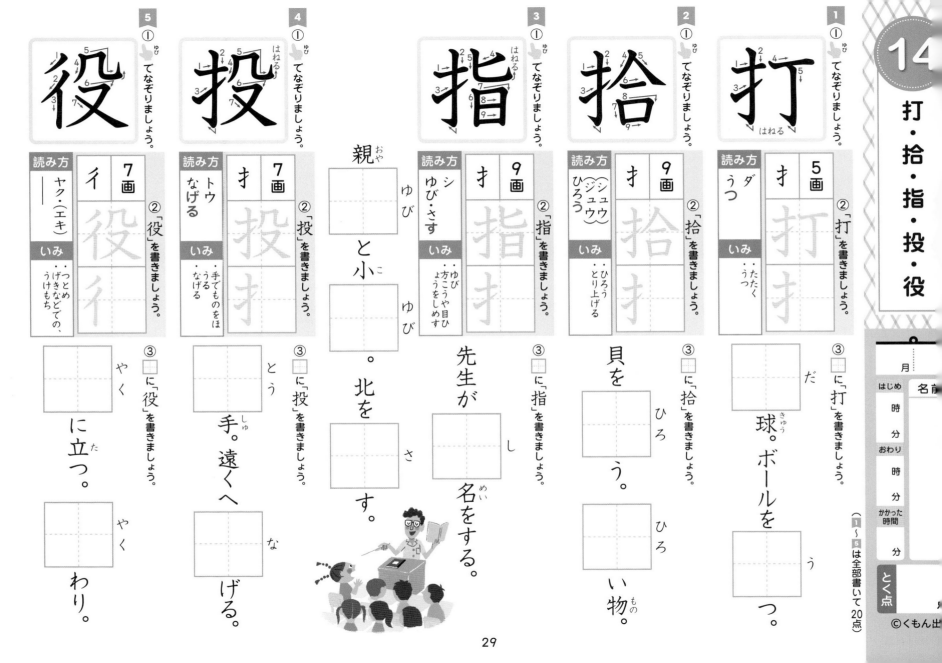

6 ——のかん字の読みがなを書きましょう。（一つ4点）

① 葉《は》っぱを拾（　）う。

② 強い打球（きゅう）。

③ 速《はや》いボールを打（　）つ。

④ 学校の方を指（　）す。

⑤ 役（　）に立《た》つ道具《どうぐ》。

⑥ 親指（　）のつめ。

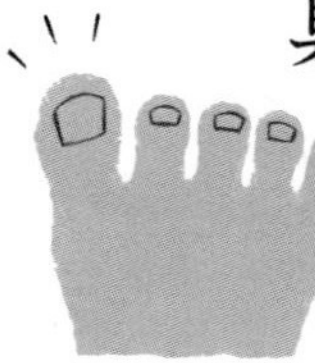

⑦ ボールを投（　）げる。

⑧ 投手（　）の役（　）わり。

⑨ 指名（　）されて本を読む。

7 □にかん字を、（　）におくりがなを書きましょう。（一つ4点）

① はりが北を□《さ》す。

② 親□《おやゆび》をけがする。

③ 貝がらを□（う）《ひろう》。

④ バットでボールを□《う》つ。

⑤ 力いっぱい□（げる）《なげる》。

⑥ みんなの□《やく》に立《た》つ。

⑦ 先生が□名《しめい》する。

⑧ □手《とうしゅ》の□《やく》わり。

⑨ □球《だきゅう》が転《ころ》がる。

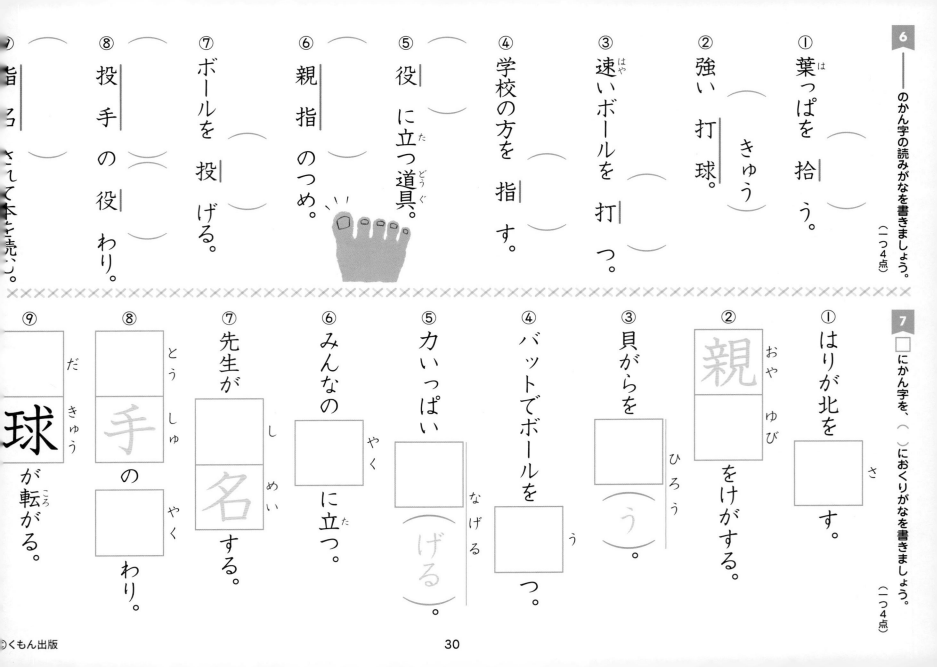

15 荷・物・商・品・集

月　日

はじめ	時　分
おわり	時　分
かかった時間	分

名前

とく点

（1～5は全部書いて20点）

1

①（ゆび）でなぞりましょう。

荷（はねる）

②「荷」を書きましょう。

10画　艹

読み方：カ、に

いみ：・にもつ　・ひきうける

③□に「荷」を書きましょう。

□《に》物《もつ》。

□《に》が重《おも》い。

2

①（ゆび）でなぞりましょう。

物

②「物」を書きましょう。

8画　牛

読み方：ブツ・モツ、もの

いみ：・形のあるもの　・ことがら

③□に「物」を書きましょう。

物語《ものがたり》の登場人《とうじょうじん》□《ぶつ》。

作《さく》□《もつ》の取《と》り入《い》れ。

□《もの》語《がたり》を読《よ》む。

3

①（ゆび）でなぞりましょう。

商（はねる）

②「商」を書きましょう。

11画　口

読み方：ショウ、（あきなう）

いみ：・しなものを売り買いする

③□に「商」を書きましょう。

□《しょう》売《ばい》。

□《しょう》店《てん》。

4

①（ゆび）でなぞりましょう。

品

②「品」を書きましょう。

9画　口

読み方：ヒン、しな

いみ：・しなもの

③□に「品」を書きましょう。

目玉商《しょう》□《ひん》。（人の目をひく、しょう売のしなもの）

□《しな》物《もの》。

5

①（ゆび）でなぞりましょう。

集

②「集」を書きましょう。

12画　隹

読み方：シュウ、あつまる、あつめる、（つどう）

いみ：・あつまる　・あつめたもの

③□に「集」を書きましょう。

□《しゅう》合《ごう》。

家に□《あつ》まる。

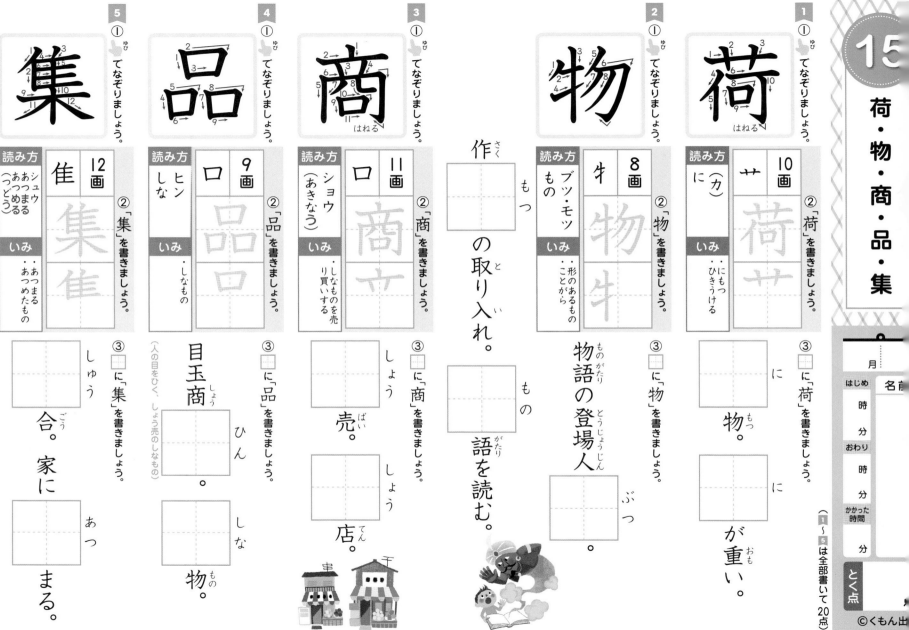

6 ――のかん字の読みがなを書きましょう。（一つ5点）

① 公園に集まる。（　）

② 品物をえらぶ。（　）

③ 荷物を運《はこ》ぶ。（　）

④ 家の近くの商店。（　）

⑤ 三時に集合する。（　）

⑥ 商品がならぶ。（　）

⑦ 物語を読む。（　）

⑧ 登場《とうじょう》人物の名前。（　）

7 □にかん字を、（　）におくりがなを書きましょう。（一つ5点）

① □《しな》□《もの》を注文《ちゅうもん》する。

② 広場に□《あつ》（まる）。

③ まほう使《つか》いの□《もの》語《がたり》。

④ □《しゅう》合《ごう》する場所《ばしょ》。

⑤ 登場《とうじょう》人《じん》□《ぶつ》の気持《きも》ち。

⑥ □《に》□《もつ》を送《おく》る。

⑦ 駅前《えきまえ》の□《しょう》店《てん》街《がい》。

⑧ 店の目玉□《しょう》□《ひん》。

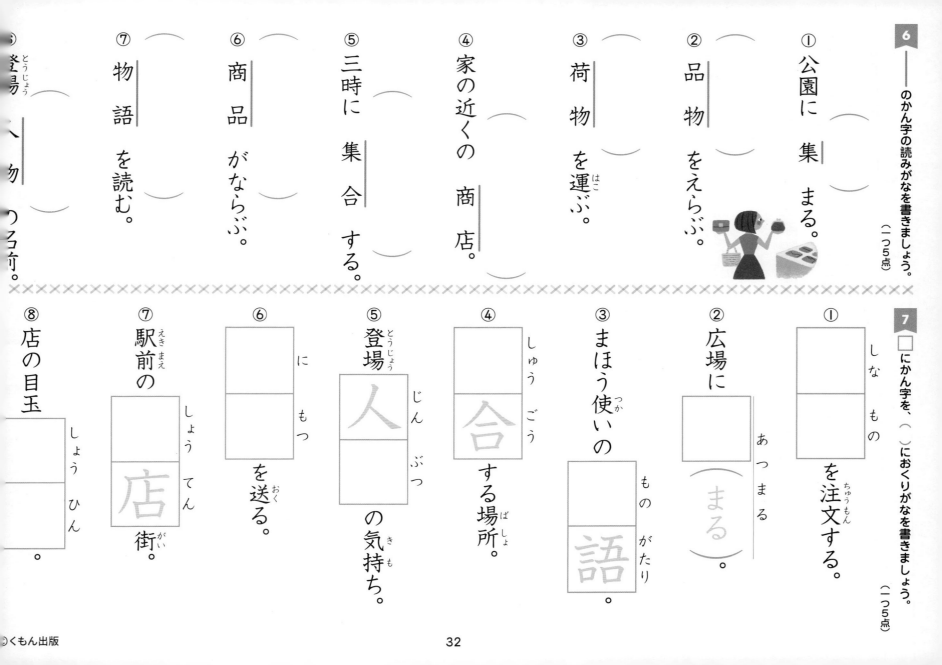

16 かくにんドリル④

★は、読み書きをまちがえやすいかん字です。

月　日

はじめ　時　分

おわり　時　分

かかった時間　分

名前

とく点　点

1 ――のかん字の読みがなを書きましょう。（一つ2点）

① 荷物を下ろす。

② やさしい人物。

③ 駅《えき》に集合する。

④ 全員で話し合う。

⑤ お気に入りの洋服。

⑥ 先生に委ねる。

2 ――のかん字の読みがなを書きましょう。（一つ4点）

① 池にこいを★放す。
校内放送。

② 安《やす》い品物を買う。
商品がならぶ。

③ 先生が指名する。
はりが北を指す。

④ ボールを打つ。
速《はや》い打球《きゅう》。

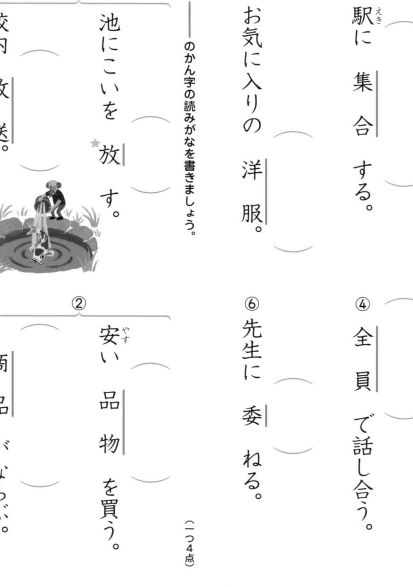

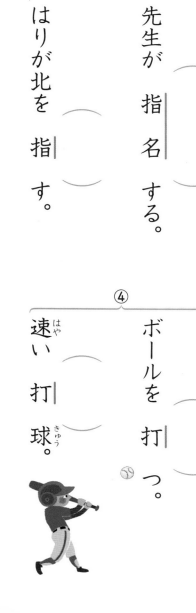

3 □にかん字を書きましょう。（一つ4点）

① ボールを□《ほう》り上《あ》げる。

② 野《や》球《きゅう》の□□《とうしゅ》。

③ □□《おやゆび》のつめ。

④ □□《にもつ》を下ろす。

⑤ □□《ものがたり》を読む。

⑥ かさが□《やく》に立《た》つ。

⑦ 店の目玉□□《しょうひん》。

⑧ 図書□□《いいん》。

⑨ □□□《たいへいよう》。

⑩ ボールを□《う》つ。

4 ――のことばをかん字とおくりがなで書きましょう。（一つ4点）

① 力いっぱい<u>なげる</u>。

② ゆうびんで写真《しゃしん》を<u>おくる</u>。

③ 店の前に<u>あつまる</u>。

④ 公園のごみを<u>ひろう</u>。

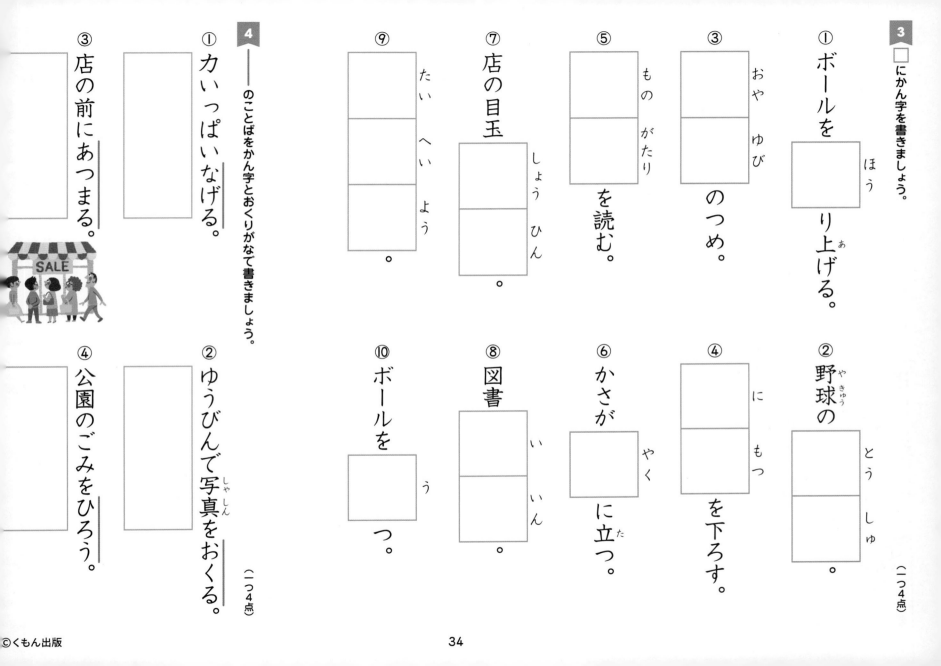

17 相・急・息・悪・悲・談

★は、読み書きをまちがえやすいかん字です。

月　日　名前

はじめ　時　分
おわり　時　分
かかった時間　分

とく点　点

（1～6は全部書いて20点）

1

① でなぞりましょう。

急（はねる）

② 「急」を書きましょう。

9画	心

読み方：キュウ　いそぐ

いみ：・いそぐ　・とつぜん　・かたむきが大きい

③ □に「急」を書きましょう。

□《きゅう》行《こう》。

道を□《いそ》ぐ。

2

① でなぞりましょう。

息

② 「息」を書きましょう。

10画	心

読み方：ソク　いき

いみ：・いき　・休む

③ □に「息」を書きましょう。

休《きゅう》□《そく》。

□《いき》をはく。

3

① でなぞりましょう。

悪

② 「悪」を書きましょう。

11画	心

読み方：アク・（オ）　わるい

いみ：・よくない　・へたな　・いやな

③ □に「悪」を書きましょう。

★□《あく》人《にん》。

天気が□《わる》い。

4

① でなぞりましょう。

悲

② 「悲」を書きましょう。

12画	心

読み方：ヒ　かなしい　かなしむ

いみ：・かなしい

③ □に「悲」を書きましょう。

□《ひ》鳴《めい》。

（おどろいたときやこわいときにあげる、さけび声）

□《かな》しい物語《ものがたり》。

5

① でなぞりましょう。

相

② 「相」を書きましょう。

9画	目

読み方：ソウ　（ショウ）　あい

いみ：・すがた　・ようす　・いっしょに

③ □に「相」を書きましょう。

□《そう》談《だん》。

話し□《あい》手《て》。

6

① でなぞりましょう。

談

② 「談」を書きましょう。

15画	言

読み方：ダン　―

いみ：・話をする　・話やものがたり

③ □に「談」を書きましょう。

対《たい》□《だん》。

面《めん》□《だん》。

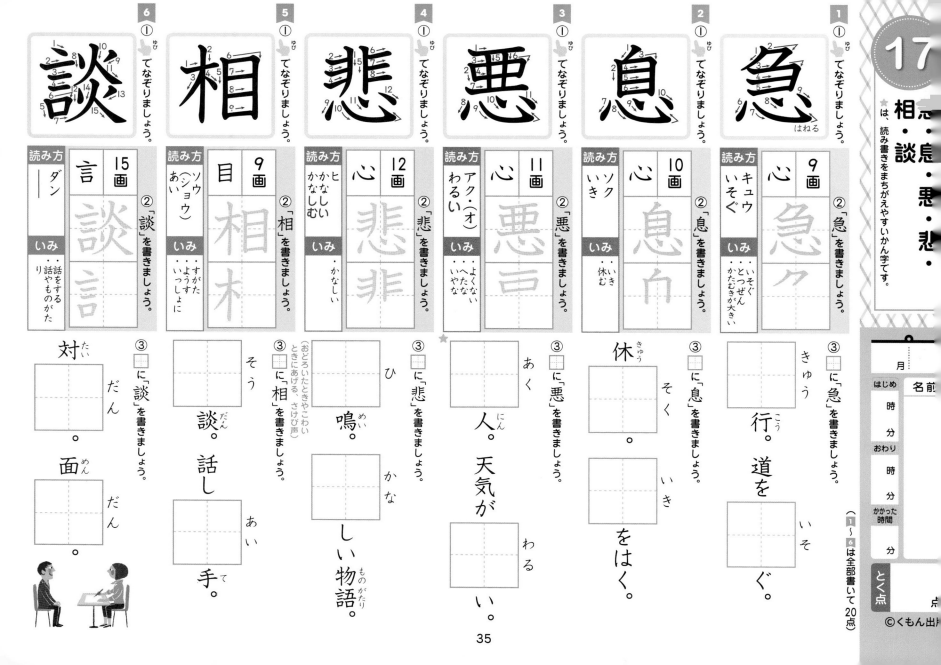

7 ――のかん字の読みがなを書きましょう。（一つ4点）

① 悲鳴（　　）が聞こえる。

② 休息（　　）をとる。

③ 気分が悪（　　）いので休む。

④ 悲（　　）しい物語《ものがたり》。

⑤ ため息（　　）をつく。

⑥ ★悪人（　　）をこらしめる。

⑦ 急行（　　）電車。

⑧ 相談（　　）の相手（　　）。

⑨ 十画を急（　　）ぐ。

8 □にかん字を、（　）におくりがなを書きましょう。（一つ4点）

① □行（きゅうこう） 電車に乗《の》る。

② 食後の 休□（きゅうそく）。

③ 天気が □（い）（わるい）。

④ □（しい）（かなしい） 気《き》持《も》ち。

⑤ 学校へ □（ぐ）（いそぐ）。

⑥ □□（そうだん） の □（あい） 手《て》。

⑦ 白い □（いき） をはく。

⑧ ★□人（あくにん） の役《やく》になる。

⑨ 女の人の □鳴（ひめい）。

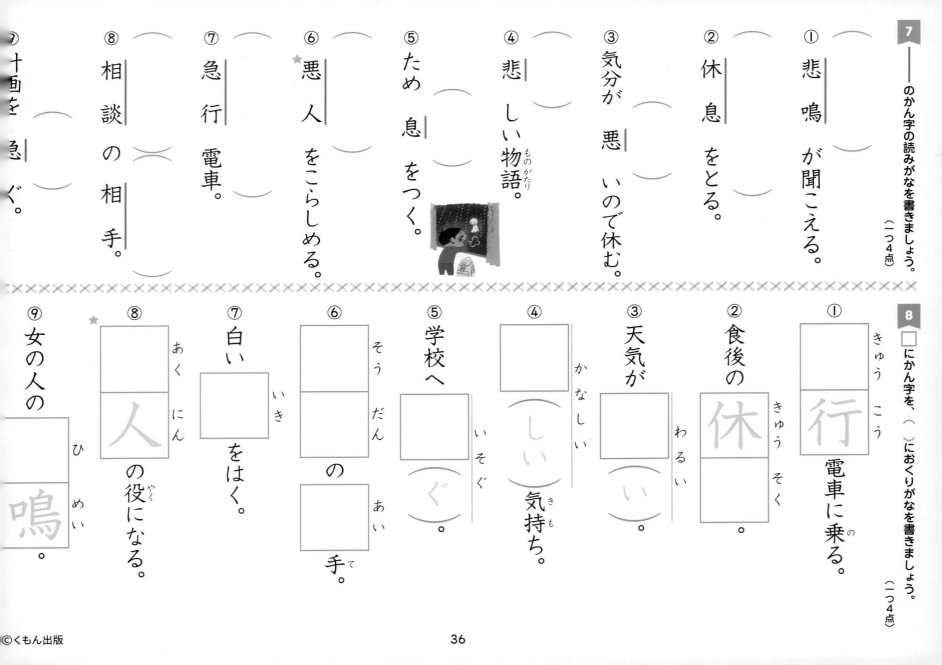

18 意・味・感・想・局

月　日

名前

はじめ　時　分

おわり　時　分

かかった時間　分

とく点　点

（1〜5は全部書いて20点）

1

① ゆびでなぞりましょう。

意（はねる）

13画	心

読み方：イ　—

いみ：・考えや気もち　・内ようやわけ

② 「意」を書きましょう。

③ □に「意」を書きましょう。

用《よう》□《い》。

□《い》見《けん》を言う。

2

① ゆびでなぞりましょう。

味

8画	口

読み方：ミ　あじ　あじわう

いみ：・あじ　・内よう

② 「味」を書きましょう。

③ □に「味」を書きましょう。

言葉《ことば》の意《い》□《み》。

あまい□《あじ》。

料理《りょうり》を□《あじ》わう。

3

① ゆびでなぞりましょう。

感（はねる）

13画	心

読み方：カン　—

いみ：・心のうごき

② 「感」を書きましょう。

③ □に「感」を書きましょう。

風を□《かん》じる。

□《かん》動《どう》。

4

① ゆびでなぞりましょう。

想

13画	心

読み方：ソウ・(ソ)　—

いみ：・思いをめぐらす

② 「想」を書きましょう。

③ □に「想」を書きましょう。

感《かん》□《そう》。

予《よ》□《そう》。

5

① ゆびでなぞりましょう。

局（はねる）

7画	尸

読み方：キョク　—

いみ：・しごとを分けた一つ　・かぎられた場しょ

② 「局」を書きましょう。

③ □に「局」を書きましょう。

放送《ほうそう》□《きょく》。

薬《やっ》□《きょく》。

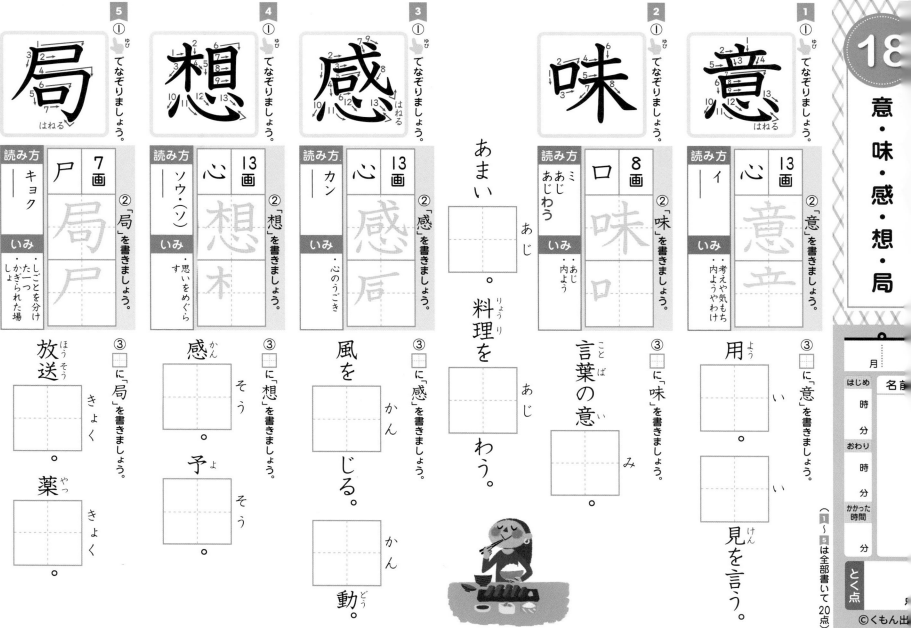

6 ――のかん字の読みがなを書きましょう。（一つ5点）

① 味（　）がうすい。

② 言葉《ことば》の意味（　）。

③ 一等《いっとう》を予想（　）する。

④ 読書感想（　）文《ぶん》。

⑤ 料理《りょうり》を味（　）わう。

⑥ 放送局（　）のたて物《もの》。

⑦ いたみを感（　）じる。

⑧ 遠足の用意（　）。

7 □にかん字を、（　）におくりがなを書きましょう。（一つ5点）

① □《い》□《み》を調《しら》べる。

② 持《も》ち物《もの》を用《よう》□《い》する。

③ ラジオの放《ほう》送《そう》□《きょく》。

④ 名物《めいぶつ》を□（わう）《あじわう》。

⑤ つめたさを□《かん》じる。

⑥ うすい□《あじ》の料理《りょうり》。

⑦ 予《よ》□《そう》が当たる。

⑧ 物語《ものがたり》の□《かん》□《そう》を話す。

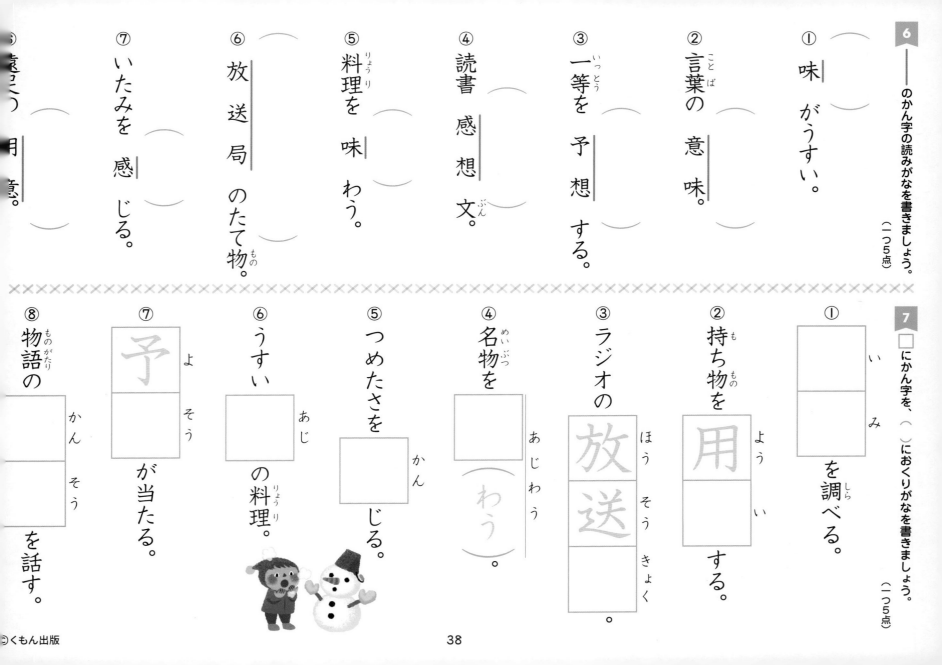

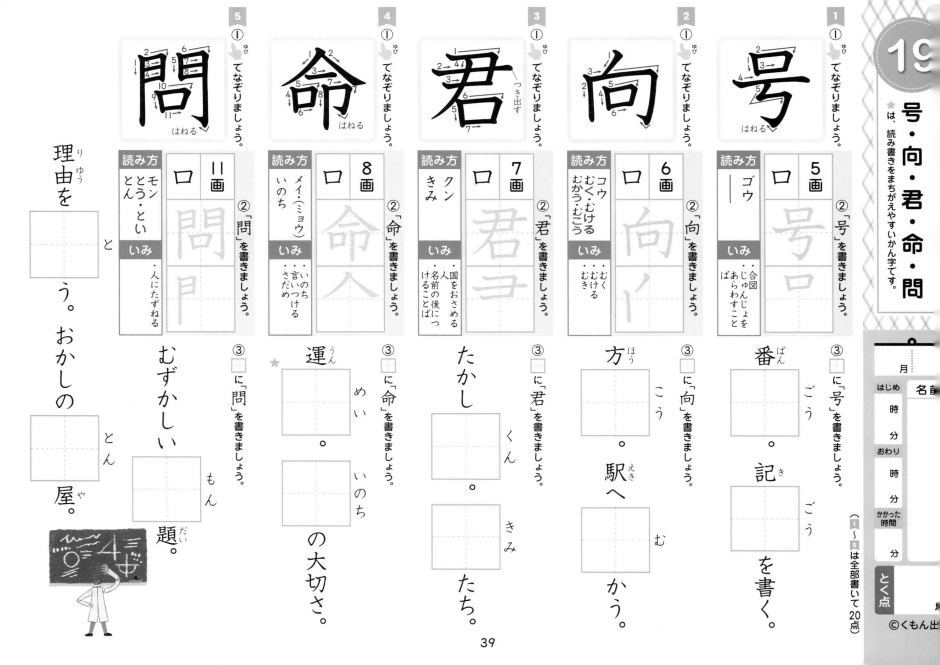

19 号・向・君・命・問

★は、読み書きをまちがえやすいかん字です。

月　日

はじめ　時　分

おわり　時　分

かかった時間　分

名前

とく点

(1〜5は全部書いて20点)

1

① ゆび でなぞりましょう。

号　はねる

② 「号」を書きましょう。

口	5画
読み方	ゴウ　—
いみ	・合図　・じゅんじょをあらわすことば

③ □に「号」を書きましょう。

番《ばん》□《ごう》。記《き》□《ごう》を書く。

2

① ゆび でなぞりましょう。

向

② 「向」を書きましょう。

口	6画
読み方	コウ　むく・むける　むかう・むこう
いみ	・むく　・むける　・むき

③ □に「向」を書きましょう。

方《ほう》□《こう》。駅《えき》へ□《む》かう。

3

① ゆび でなぞりましょう。

君　つき出す

② 「君」を書きましょう。

口	7画
読み方	クン　きみ
いみ	・国をおさめる人　・名前の後につけることば

③ □に「君」を書きましょう。

たかし□《くん》。□《きみ》たち。

4

① ゆび でなぞりましょう。

命　はねる

② 「命」を書きましょう。

口	8画
読み方	メイ・(ミョウ)　いのち
いみ	・いのち　・言いつける　・さだめ

③ □に「命」を書きましょう。

★運《うん》□《めい》。□《いのち》の大切さ。

5

① ゆび でなぞりましょう。

問　はねる

② 「問」を書きましょう。

口	11画
読み方	モン　とう・とい　とん
いみ	・人にたずねる

③ □に「問」を書きましょう。

むずかしい□《もん》題《だい》。理《り》由《ゆう》を□《と》う。おかしの□《とん》屋《や》。

6 ――のかん字の読みがなを書きましょう。（一つ4点）

① 学校へ向かう。（　）（　）

② 命の大切さ。（　）（　）

③ たかし君と話す。（　）（　）

④ 理由《りゆう》を問う。（　）（　）

⑤ 君の電話番号。（　）（　）

⑥ 問題をとく。（だい）

⑦ 二人《ふたり》の運命。（うん）（　）

⑧ 洋服《ようふく》の問屋。（　）（や）

⑨ ……方向に進《すす》む。（　）

7 □にかん字を、（　）におくりがなを書きましょう。（一つ4点）

① ひろし□《くん》と遊《あそ》ぶ。

② 車で駅《えき》へ□（かう）《むかう》。

③ おもちゃの□《とん》屋《や》。

④ 運《うん》□《めい》を感《かん》じる。

⑤ □《きみ》の電話番《ばん》□《ごう》。

⑥ □《と》いに答える。

⑦ 船が方《ほう》□《こう》をかえる。

⑧ □《いのち》を大切にする。

⑨ やさしい□《もん》題《だい》。

20 かくにんドリル⑤

★は、読み書きをまちがえやすいかん字です。

月　日

はじめ　時　分

おわり　時　分

かかった時間　分

名前

とく点　点

1 ——のかん字の読みがなを書きましょう。（一つ2点）

① 遊《あそ》び相手が多い。

② おかしを用意する。

③ 悲鳴を上げる。

④ 急行電車に乗《の》る。

⑤ 家の電話番号。

⑥ とても感心する。

2 ——のかん字の読みがなを書きましょう。（一つ4点）

①
★悪人がつかまる。
天気が悪い。

②
問題《だい》をとく。
答えを問う。

③
運《うん》★命をかえる。
命を大切にする。

④
休息をとる。
ため息をつく。

3 □にかん字を書きましょう。　（一つ4点）

① 読書□□《かんそう》文《ぶん》。

② 学校の□□《ほうこう》。

③ ゆうた□《くん》と遊《あそ》ぶ。

④ □□《いみ》を調《しら》べる。

⑤ うすい□《あじ》の料理《りょうり》。

⑥ □《きみ》たちの勝《か》ちだ。

⑦ 放送《ほうそう》□《きょく》のビル。

⑧ □□《そうだん》して決《き》める。

⑨ □《とん》屋《や》が立ちならぶ。

⑩ □《わる》いゆめを見る。

4 ――のことばをかん字とおくりがなで書きましょう。　（一つ4点）

① 魚料理《さかなりょうり》をあじわう。　□

② かなしいドラマを見る。　□

③ 駅《えき》までの道をいそぐ。　□

④ 東京《とうきょう》へむかう電車。　□

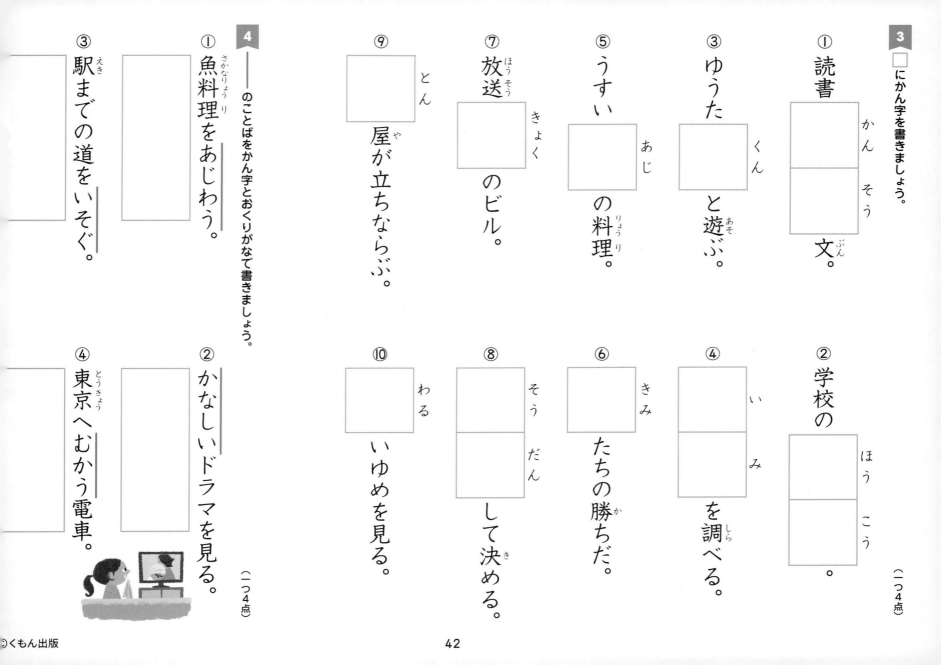

21 皿・血・皮・波・取・屋

★は、読み書きをまちがえやすいかん字です。

月　日

名前

はじめ　時　分

おわり　時　分

かかった時間　分

とく点

（1～6は全部書いて12点）

1

① ゆびでなぞりましょう。

皿

② 「皿」を書きましょう。

皿	5画

読み方：―　さら

いみ：・食べものなどをもる、あさいうつわ

③ □に「皿」を書きましょう。

□《さら》をわる。円い□《さら》。

2

① ゆびでなぞりましょう。

血

② 「血」を書きましょう。

血	6画

読み方：ケツ　ち

いみ：・ち　・ちすじ、親子などのつながり

③ □に「血」を書きましょう。

□《けつ》えき。□《ち》が出る。

3

① ゆびでなぞりましょう。

皮

② 「皮」を書きましょう。

皮	5画

読み方：ヒ　かわ

いみ：・どうしょくぶつの外をおおっているもの

③ □に「皮」を書きましょう。

□《ひ》ふ。りんごの□《かわ》。

4

① ゆびでなぞりましょう。

波

② 「波」を書きましょう。

氵	8画

読み方：ハ　なみ

いみ：・なみ　・なみのようなもの

③ □に「波」を書きましょう。

電《でん》□《ぱ》。□《なみ》が高い。

5

① ゆびでなぞりましょう。

取

② 「取」を書きましょう。

又	8画

読み方：シュ　とる

いみ：・手にもつ　・自分のものにする　・外す

③ □に「取」を書きましょう。

□《しゅ》材《ざい》。□《と》り出《だ》す。

6

① ゆびでなぞりましょう。

屋

② 「屋」を書きましょう。

尸	9画

読み方：オク　や

いみ：・家　・やね

③ □に「屋」を書きましょう。

ビルの★□《おく》上《じょう》。小《こ》□《や》。

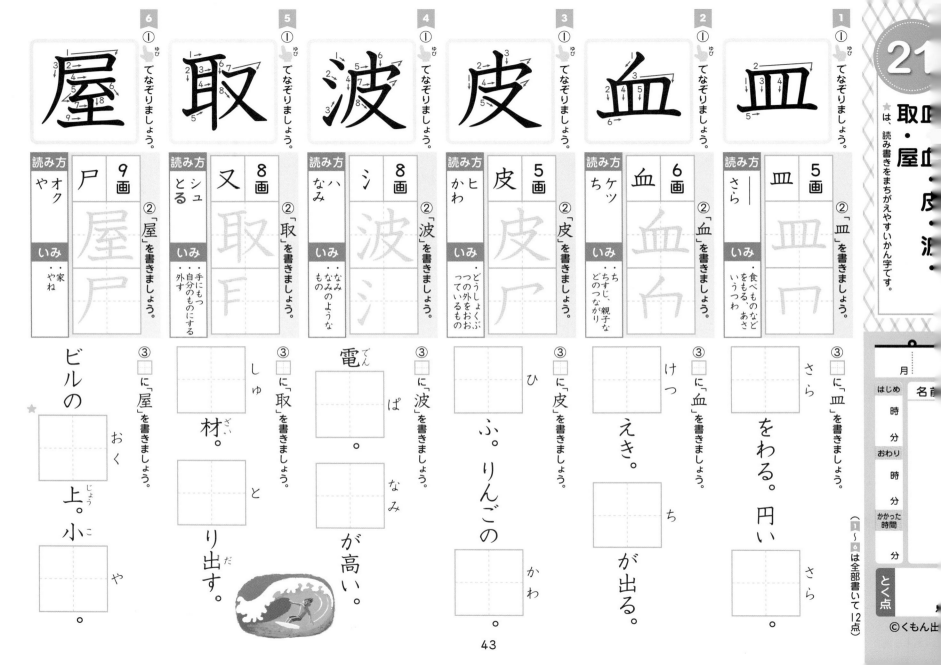

7 ―のかん字の読みがなを書きましょう。（一つ4点）

① りんごの皮。

② 今日《きょう》は波が高い。

③ 血えきのけんさ。

④ 山の中の小屋。

⑤ 皿を取り出《だ》す。

⑥ 皮ふから血が出る。

⑦ ★屋上からのけしき。

⑧ 記者《しゃ》が取材《ざい》する。

⑨ 強い電波。

8 □にかん字を書きましょう。（一つ4点）

① 山の上にある小《こ》□《や》。

② □《さら》を□《と》り出《だ》す。

③ 自分の□《けつ》えきがた。

④ 大きな□《なみ》がよせる。

⑤ □《しゅ》材《ざい》をする記者《きしゃ》。

⑥ みかんの□《かわ》をむく。

⑦ □《ひ》ふから□《ち》が出る。

⑧ 電《でん》□《ぱ》がとどく所《ところ》。

⑨ 学校の□《おく》上《じょう》。

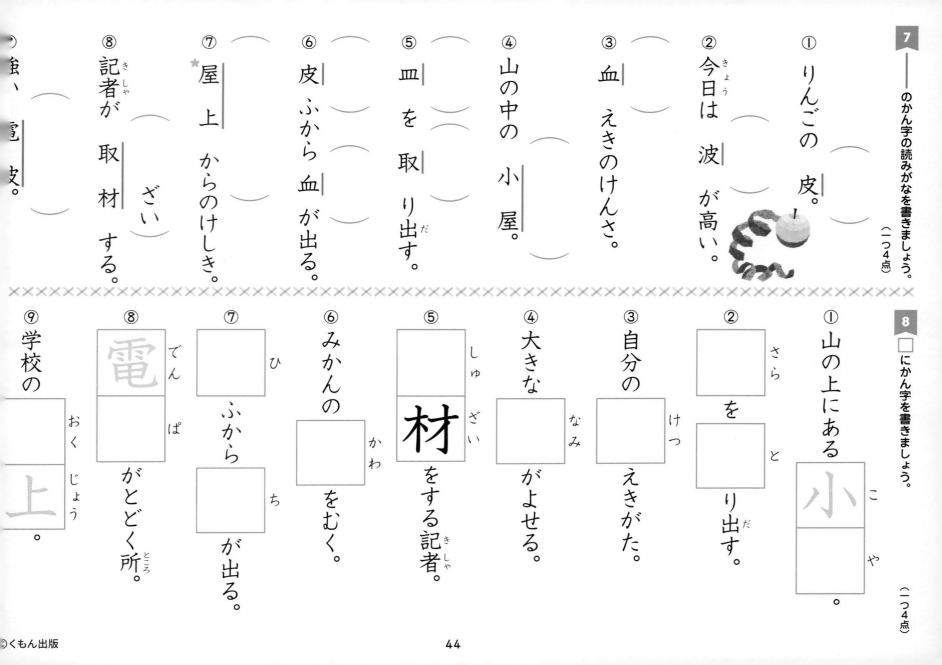

22 由・曲・申・守・客

月　日

はじめ　時　分

おわり　時　分

かかった時間　分

名前

とく点

（1〜5は全部書いて28点）

©くもん出

1

① ゆび でなぞりましょう。

由

② 「由」を書きましょう。

5画	田

読み方：ユ・ユウ（ユイ）（よし）

いみ：・わけ ・もとづく

③ □に「由」を書きましょう。

名前の□《ゆ》来《らい》。

自《じ》□《ゆう》。

2

① ゆび でなぞりましょう。

曲

② 「曲」を書きましょう。

6画	曰

読み方：キョク まがる まげる

いみ：・まっすぐでない ・音楽の作ひん

③ □に「曲」を書きましょう。

作《さっ》□《きょく》。

右に□《ま》がる。

3

① ゆび でなぞりましょう。

申

② 「申」を書きましょう。

5画	田

読み方：（シン） もうす

いみ：・目上の人に言う

③ □に「申」を書きましょう。

□《もう》す。

□《もう》しこむ。

4

① ゆび でなぞりましょう。

守

はねる

② 「守」を書きましょう。

6画	宀

読み方：シュ・ス まもる（もり）

いみ：・まもる ・大切にする

③ □に「守」を書きましょう。

□《しゅ》備《び》をかためる。

きまりを□《まも》る。

家を留《る》□《す》にする。

5

① ゆび でなぞりましょう。

客

② 「客」を書きましょう。

9画	宀

読み方：キャク（カク） ―

いみ：・たずねてきた人 ・ものを買う人 など

③ □に「客」を書きましょう。

店の□《きゃく》。

□《きゃく》船《せん》。

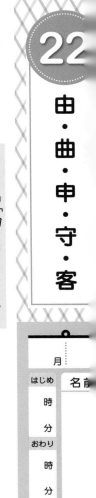

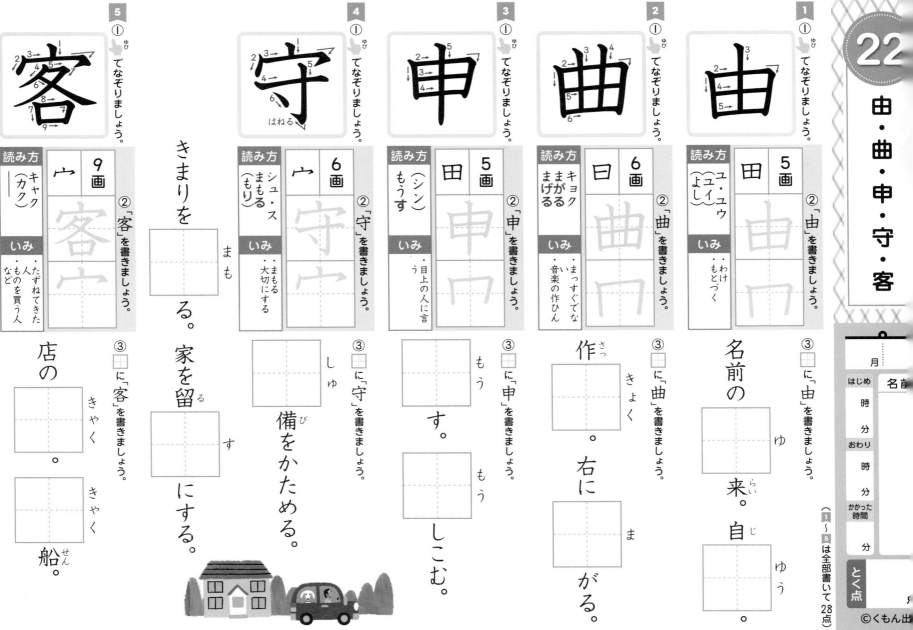

6 ――のかん字の読みがなを書きましょう。（一つ4点）

① 道が曲（　　）がる。

② 守（　　）備（び）につく。

③ たくさんの客（　　）が来る。

④ 見学を申（　　）しこむ。

⑤ 地名の由来（　　）。

⑥ 作曲（　　）をする。

⑦ 自由（　　）に話し合う。

⑧ きまりを守（　　）る。

⑨ 家を留（る）守（　　）にする。

7 □にかん字を、（　）におくりがなを書きましょう。（一つ4点）

① 店の□（きゃく）が多い。

② 〔しゅ〕□〔び〕備 をかためる。

③ 名前の〔ゆ〕□〔らい〕来。

④ 試合《しあい》を□〔もうし〕（し）こむ。

⑤ やくそくを□〔まもる〕（る）。

⑥ 車が左に□〔まがる〕（がる）。

⑦ 有名《ゆうめい》な〔さっ〕作〔きょく〕□家《か》。

⑧ 〔じ〕自〔ゆう〕□に行動《こうどう》する。

⑨ 〔る〕留〔す〕□番《ばん》をする。

23 宮・実・寒・温・度

★は、読み書きをまちがえやすいかん字です。

月　日

はじめ　時　分

おわり　時　分

かかった時間　分

名前

とく点　点

（1～5は全部書いて28点）

1

①ゆびでなぞりましょう。

宮

宀	10画

読み方：キュウ　（グウ）・（ク）　みや

いみ：・りっぱなたてもの　・じん社

②「宮」を書きましょう。

③□に「宮」を書きましょう。

★□《きゅう》でん。お□《みや》まいり。

（じん社におまいりすること）

2

①ゆびでなぞりましょう。

実

宀	8画

読み方：ジツ　み・みのる

いみ：・草や木のみ　・なかみ　・本当の

②「実」を書きましょう。

③□に「実」を書きましょう。

理科の□《じっ》験《けん》。

ももの□《み》がなる。かきが□《みの》る。

3

①ゆびでなぞりましょう。

寒

宀	12画

読み方：カン　さむい

いみ：・さむい

②「寒」を書きましょう。

③□に「寒」を書きましょう。

□《かん》風《ぷう》がふく。

★□《さむ》い冬。

4

①ゆびでなぞりましょう。

温

氵	12画

読み方：オン　あたたか　あたたかい　あたたまる　あたためる

いみ：・あたたかい　・心がやさしい

②「温」を書きましょう。

③□に「温」を書きましょう。

気《き》□《おん》。□《あたた》かいスープ。

5

①ゆびでなぞりましょう。

度

广	9画

読み方：ド　（ト）・（タク）　（たび）

いみ：・ものごとのていど　・回数

②「度」を書きましょう。

③□に「度」を書きましょう。

温《おん》□《ど》。何《なん》□《ど》も言う。

6 ━━のかん字の読みがなを書きましょう。（一つ4点）

① 温かい料理《りょうり》。（　　）

② いねが実る。（　　）

③ 寒風《ぷう》にふるえる。（　　）

④ 部屋《へや》の温度を計る。（　　）

⑤ 王が住《す》む★宮でん。（　　）

⑥ かきの実。（　　）

⑦ 近くのお宮。（　　）

⑧ 理科で実験する。（けん）

⑨ 寒（　　）、月。

7 □にかん字を、（　）におくりがなを書きましょう。（一つ4点）

① かきが□《みの》（る）《る》。

② □□《おんど》計《けい》を見る。

③ □《あたた》（かい）《かい》スープ。

④ お□《みや》まいりをする。

⑤ ももの□《み》。

⑥ 雪がふって★□《さむ》（い）《い》。

⑦ □風《かんぷう》がふきすさぶ。

⑧ 理科の□験《じっけん》。

⑨ 外国にある□《きゅう》でん。

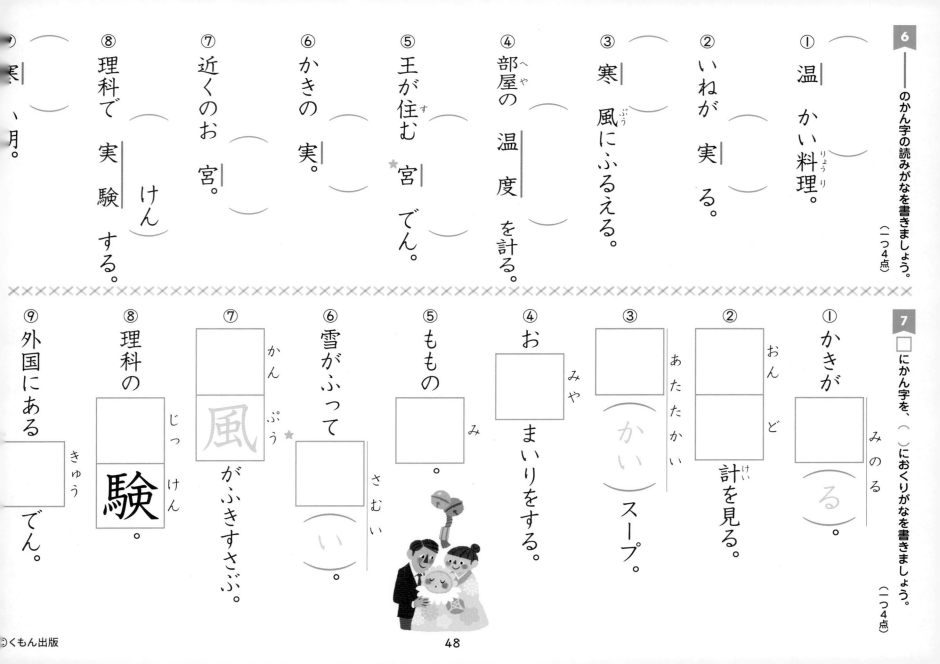

24 かくにんドリル⑥

★は、読み書きをまちがえやすいかん字です。

月　日

はじめ　時　分

おわり　時　分

かかった時間　分

名前

とく点　点

1 ——のかん字の読みがなを書きましょう。（一つ2点）

① 部屋《へや》の温度計《けい》。

② 動物《どうぶつ》の皮ふ。

③ 手帳《てちょう》を取り出《だ》す。

④ 店の客が多い。

⑤ 皿をあらう。

⑥ 寒風《ぷう》にふるえる。

2 ——のかん字の読みがなを書きましょう。（一つ4点）

① りっぱな★宮でん。
お宮まいり。

② 大きな波。
電波がみだれる。

③ どんぐりの実。
実験《けん》をする。

④ 山《やま》小屋に入る。
ビルの★屋上。

3 □にかん字を書きましょう。（一つ4点）

① □□《じゆう》に遊《あそ》ぶ。

② きず口から□《ち》が出る。

③ 有名《ゆうめい》な□□《さっきょく》家《か》。

④ 今、母は留《る》□《す》です。

⑤ 野球《やきゅう》の□《しゅ》備《び》。

⑥ バナナの□《かわ》をむく。

⑦ テレビの□《しゅ》材《ざい》。

⑧ 地名の□□《ゆらい》。

4 ――のことばをかん字とおくりがなで書きましょう。（一つ4点）

① 秋、いねがみのる。
□

② 見学をもうしこむ。
□

③ 次《つぎ》の角をまがる。
□

④ やくそくをまもる。
□

⑤ さむい日がつづく。
□

⑥ あたたかい牛にゅう。
□

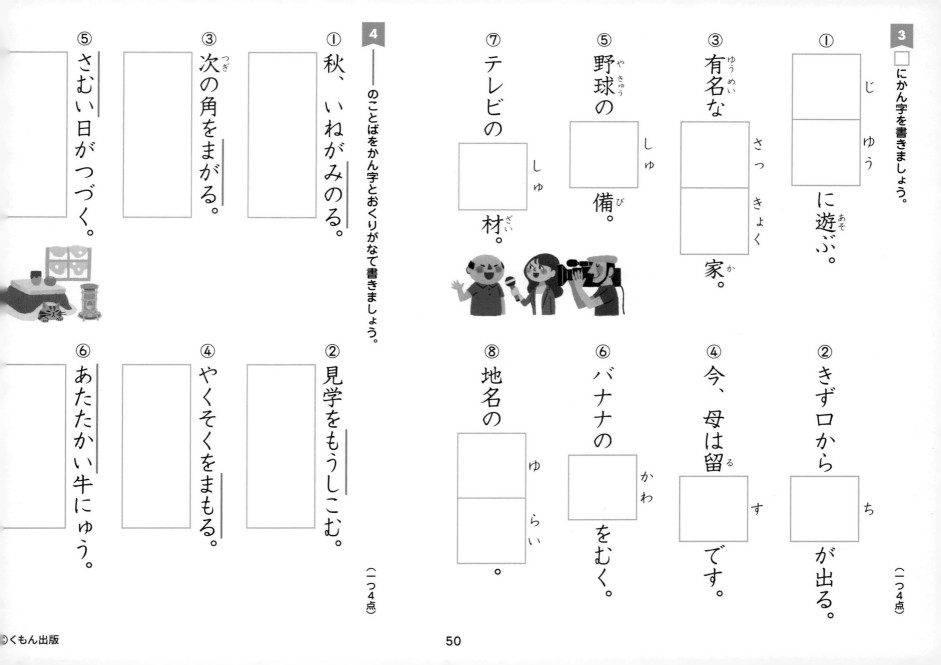

氷・羊・畑・炭・岸・島

月　日

はじめ　時　分
おわり　時　分
かかった時間　分

名前

とく点

（1～6は全部書いて28点）

1

① ゆび でなぞりましょう。

氷（はねる）

② 「氷」を書きましょう。

水	5画

読み方：ヒョウ／こおり・(ひ)

いみ：・こおり　・水がひえてかたまる

③ □に「氷」を書きましょう。

□《ひょう》山《ざん》。
つめたい□《こおり》。

2

① ゆび でなぞりましょう。

羊

② 「羊」を書きましょう。

羊	6画

読み方：ヨウ／ひつじ

いみ：・ひつじ

③ □に「羊」を書きましょう。

□《よう》毛《もう》。
□《ひつじ》の毛。

3

① ゆび でなぞりましょう。

畑

② 「畑」を書きましょう。

田	9画

読み方：―／はた・はたけ

いみ：・はたけ

③ □に「畑」を書きましょう。

□《はた》作《さく》。
□《はたけ》仕事《しごと》。

4

① ゆび でなぞりましょう。

炭

② 「炭」を書きましょう。

火	9画

読み方：タン／すみ

いみ：・すみ　・石たん

③ □に「炭」を書きましょう。

石《せき》□《たん》。
□《すみ》火《び》。

5

① ゆび でなぞりましょう。

岸

② 「岸」を書きましょう。

山	8画

読み方：ガン／きし

いみ：・きし

③ □に「岸」を書きましょう。

海《かい》□《がん》。
川の□《きし》。

6

① ゆび でなぞりましょう。

島（はねる）

② 「島」を書きましょう。

山	10画

読み方：トウ／しま

いみ：・しま

③ □に「島」を書きましょう。

伊《い》豆《ず》半《はん》□《とう》。
南の□《しま》。

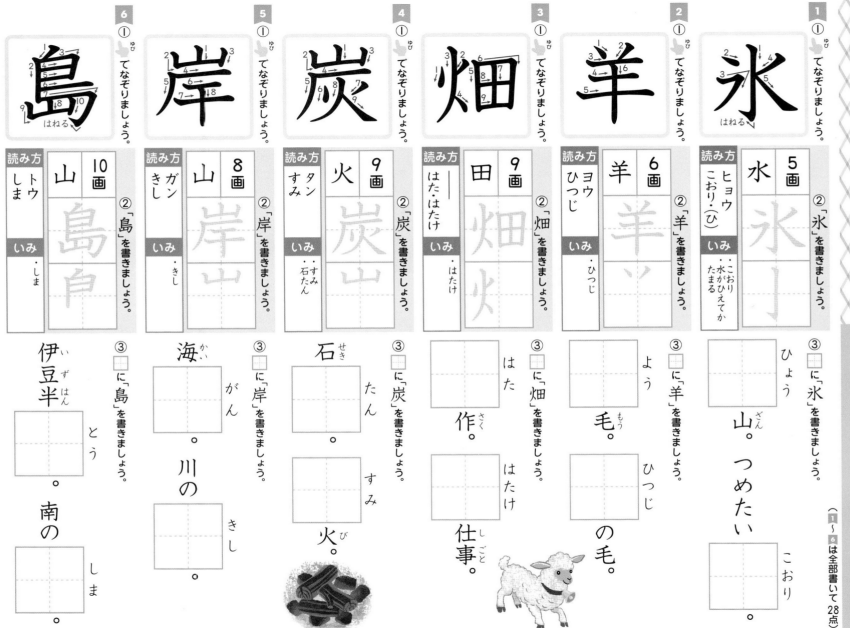

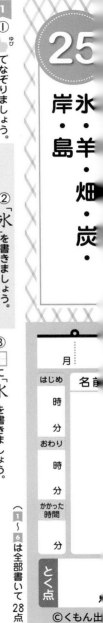

7 ―のかん字の読みがなを書きましょう。（一つ3点）

① 羊毛のセーター。

② 石炭をほる。

③ 川の岸にある畑。

④ 羊の親子。

⑤ 炭火で肉をやく。

⑥ 半島の畑作《さく》。

⑦ 南きょくの氷山。

⑧ つめたい氷。

⑨ 南の島の海岸。

8 □にかん字を書きましょう。（一つ3点）

① 石《せき》□《たん》をもやす。

② やわらかい□《ひつじ》の毛。

③ 海にうかぶ□《ひょう》山《ざん》。

④ □《よう》毛《もう》のふとん。

⑤ ジュースに□《こおり》を入れる。

⑥ 肉を□《すみ》火《び》でやく。

⑦ 南の□《しま》の海《かい》□《がん》。

⑧ 川の□《きし》にある□《はたけ》。

⑨ 半《はん》□《とう》の□《はた》作《さく》農《のう》家《か》。

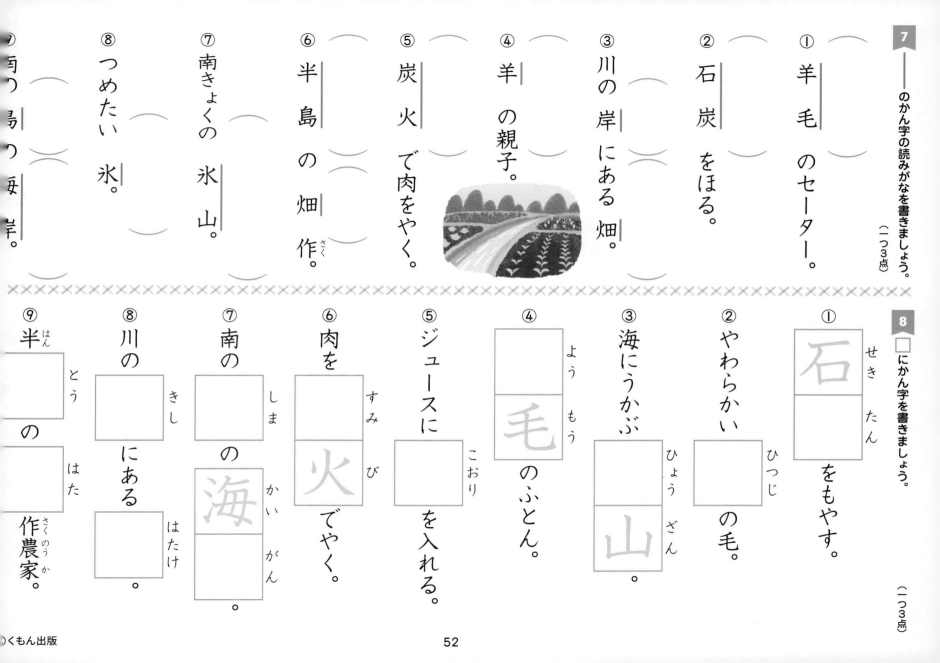

26 幸・福・昔・暗・暑

月　日　名前

はじめ　時　分
おわり　時　分
かかった時間　分
とく点

（1～5は全部書いて20点）

1

① ゆび でなぞりましょう。

幸

② 「幸」を書きましょう。

干　8画

読み方：コウ　さいわい・(さち)　しあわせ

いみ：・しあわせ　・海や山でとれた食べもの

幸

③ □に「幸」を書きましょう。

□《こう》運《うん》にめぐまれる。

□《しあわ》せにくらす。

□《さいわ》い元気だ。

2

① ゆび でなぞりましょう。

福

② 「福」を書きましょう。

ネ　13画

読み方：フク　―

いみ：・さいわい　・しあわせ

福

③ □に「福」を書きましょう。

幸《こう》□《ふく》。

□《ふく》は内《うち》。

3

① ゆび でなぞりましょう。

昔

② 「昔」を書きましょう。

日　8画

読み方：(セキ)(シャク)　むかし

いみ：・むかし

昔

③ □に「昔」を書きましょう。

□《むかし》話《ばなし》。今と□《むかし》。

4

① ゆび でなぞりましょう。

暗

② 「暗」を書きましょう。

日　13画

読み方：アン　くらい

いみ：・くらい　・知らない　・そらで言える

暗

③ □に「暗」を書きましょう。

□《あん》記《き》。

□《くら》い夜道。

5

① ゆび でなぞりましょう。

暑（出す）

② 「暑」を書きましょう。

日　12画

読み方：ショ　あつい

いみ：・気おんが高い

暑

③ □に「暑」を書きましょう。

□《しょ》中《ちゅう》見まい。

□《あつ》い夏。

6 ―のかん字の読みがなを書きましょう。（一つ5点）

① 幸福（　）な人。

② 昔話（　）を読む。

③ 九九《くく》を暗記（　）する。

④ 幸（　）い元気だ。

⑤ 暗（　）い夜道。

⑥ 暑中（　）見まいを書く。

⑦ 暑（　）い夏の日。

⑧ 幸（　）せに思う。

7 □にかん字を、（　）におくりがなを書きましょう。（一つ5点）

① □《しあわせ》（せ）にくらす。

② □《しょ》中《ちゅう》見まいを送《おく》る。

③ □《むかし》話《ばなし》の主人公《しゅじんこう》。

④ 詩《し》を□《あん》記《き》する。

⑤ □《あつい》（い）日がつづく。

⑥ 不幸中《ふこうちゅう》の□《さいわい》（い）。

⑦ □《くらい》（い）部屋《へや》。

⑧ □□《こうふく》な人生。

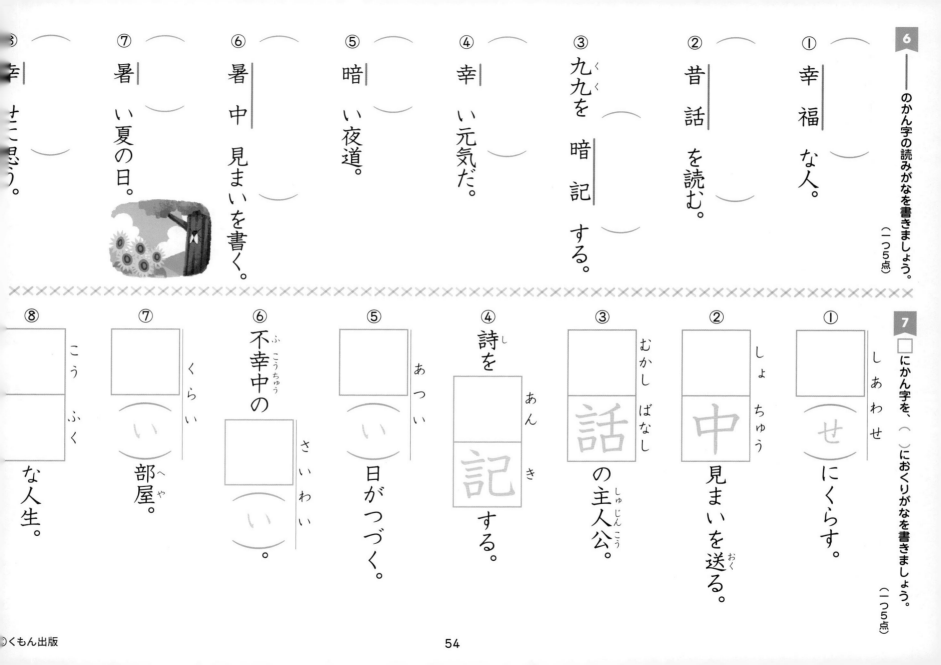

27 勝・負・整・列・受

月　日

名前

はじめ　時　分

おわり　時　分

かかった時間　分

とく点

（1～5は全部書いて28点）

1

① ゆび でなぞりましょう。

勝（はねる）

12画	力

読み方：ショウ　かつ・（まさる）

いみ：・あい手をまかす　・すぐれている

② 「勝」を書きましょう。

③ □に「勝」を書きましょう。

□《しょう》者《しゃ》。試《し》合《あい》に□《か》つ。

2

① ゆび でなぞりましょう。

負

9画	貝

読み方：フ　まける・まかす・おう

いみ：・まける　・せなかにのせる　・引きうける

② 「負」を書きましょう。

③ □に「負」を書きましょう。

勝《しょう》□《ぶ》がつく。

力で□《ま》ける。足にきずを□《お》う。

3

① ゆび でなぞりましょう。

整

16画	攵

読み方：セイ　ととのえる　ととのう

いみ：・きちんとそろえる

② 「整」を書きましょう。

③ □に「整」を書きましょう。

□《せい》理《り》。列《れつ》を□《ととの》える。

4

① ゆび でなぞりましょう。

列（はねる）

6画	刂

読み方：レツ　―

いみ：・ならべる　・じゅんにならんだもの

② 「列」を書きましょう。

③ □に「列」を書きましょう。

行《ぎょう》□《れつ》。□《れっ》車《しゃ》に乗《の》る。

5

① ゆび でなぞりましょう。

受

8画	又

読み方：ジュ　うける・うかる

いみ：・うけとる　・こうむる

② 「受」を書きましょう。

③ □に「受」を書きましょう。

□《じゅ》験《けん》。相《そう》談《だん》を□《う》ける。

6 ――のかん字の読みがなを書きましょう。（一つ4点）

① きずを負う。（　　）

② ボールを受ける。（　　）

③ かみの毛を整える。（　　）

④ 受験（　けん）勉強《べんきょう》をする。

⑤ 長い行列ができる。（　　）

⑥ じゃんけんで負ける。（　　）

⑦ 勝負（　　）に勝つ。（　　）

⑧ …整理する。（　　）

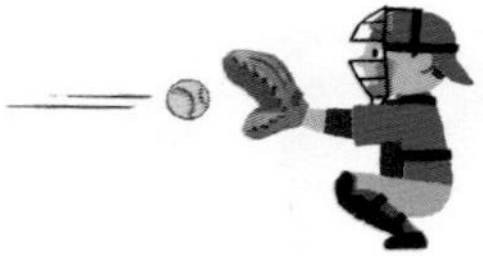

7 □にかん字を、（　）におくりがなを書きましょう。（一つ4点）

① □□（ぎょうれつ）のできる店。 ［行］

② 試合《しあい》に□（ける）。（まける）

③ 高校を□験する。（じゅけん）

④ 足にきずを□う。（お）

⑤ □理（せいり）整《せい》とん。

⑥ ボールを□（ける）。（うける）

⑦ 列《れつ》を□（える）。（ととのえる）

⑧ □□（しょうぶ）に□（か）つ。

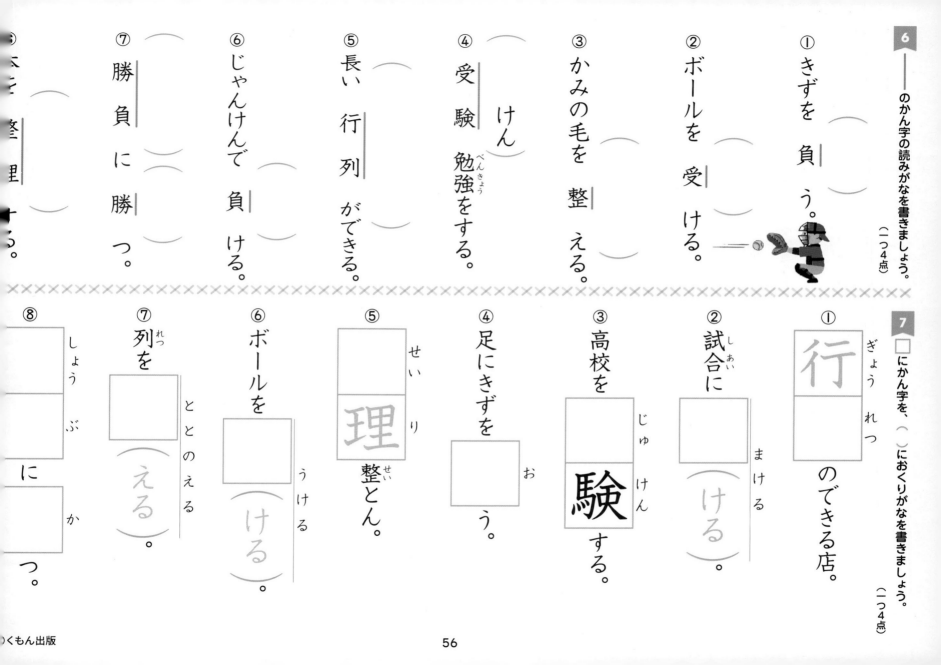

28 かくにんドリル⑦

月　日
はじめ　時　分
おわり　時　分
かかった時間　分
名前
とく点　点

1 ―のかん字の読みがなを書きましょう。(一つ2点)

① 本だなの整理。

② 幸せに感《かん》じる。

③ 行列ができる。

④ 幸福な人生。

⑤ 昔話を読む。

⑥ 詩《し》を暗記する。

2 ―のかん字の読みがなを書きましょう。(一つ4点)

①
氷を入れる。
氷山がうかぶ。

②
羊のむれ。
羊毛のふとん。

③
マラソンで勝つ。
勝負がつく。

④
日本の海岸。
岸まで泳《およ》ぐ。

3 □にかん字を書きましょう。（一つ4点）

① きずを□《お》った動物《どうぶつ》。

② □《せき》□《たん》をもやす。

③ 南の□《しま》。

④ □《こう》□《ふく》にくらす。

⑤ □《すみ》□《び》で魚をやく。

⑥ 大学を□《じゅ》験《けん》する。

⑦ □《はたけ》が広がる。

⑧ □《はた》作農家《さくのうか》の仕事《しごと》。

4 ――のことばをかん字とおくりがなで書きましょう。（一つ4点）

① 試合《しあい》にまける。 □

② くらい夜道。 □

③ さいわい元気です。 □

④ かみの毛をととのえる。 □

⑤ 入学試験《しけん》をうける。 □

⑥ 部屋《へや》の中があつい。 □

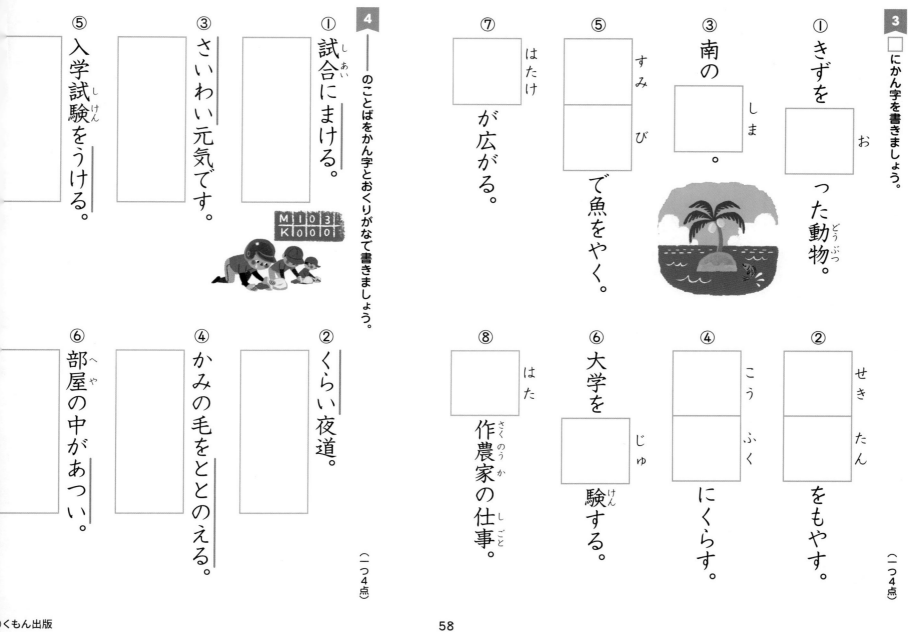

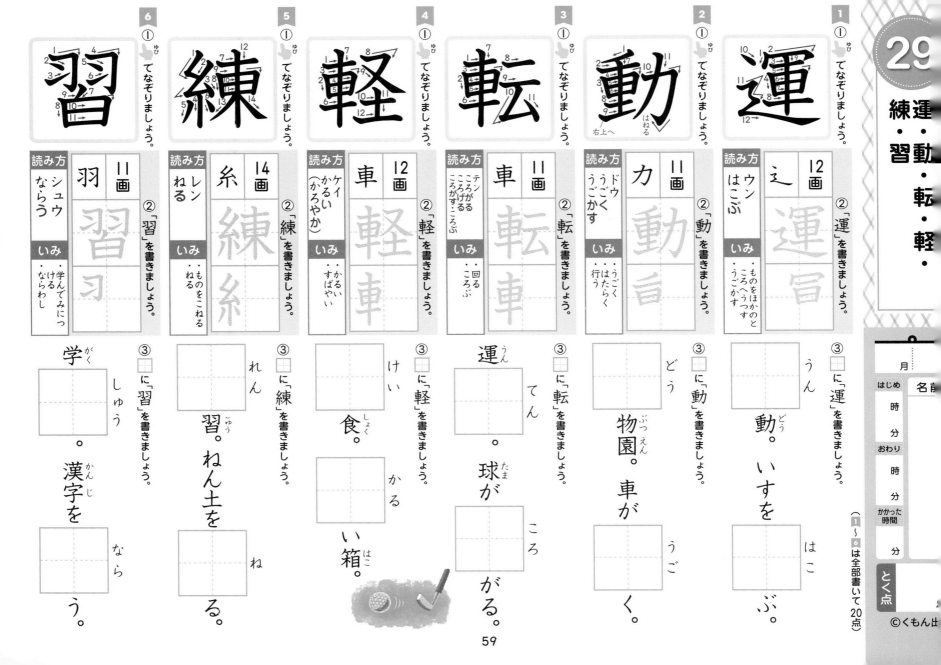

29 運・動・転・軽・練・習

月　日

名前

はじめ　時　分

おわり　時　分

かかった時間　分

とく点

（1～6は全部書いて20点）

1

① ゆび でなぞりましょう。

運

右上へ　はねる

辶	12画

読み方：ウン／はこぶ

いみ：・ものをほかのところへうつす　・うごかす

②「運」を書きましょう。

③ □に「運」を書きましょう。

□《うん》動《どう》。いすを□《はこ》ぶ。

2

① ゆび でなぞりましょう。

動

力	11画

読み方：ドウ／うごく／うごかす

いみ：・うごく　・はたらく　・行う

②「動」を書きましょう。

③ □に「動」を書きましょう。

□《どう》物《ぶつ》園《えん》。車が□《うご》く。

3

① ゆび でなぞりましょう。

転

車	11画

読み方：テン／ころがる／ころげる／ころがす・ころぶ

いみ：・回る　・ころぶ

②「転」を書きましょう。

③ □に「転」を書きましょう。

運《うん》□《てん》。球《たま》が□《ころ》がる。

4

① ゆび でなぞりましょう。

軽

車	12画

読み方：ケイ／かるい／（かろやか）

いみ：・かるい　・すばやい

②「軽」を書きましょう。

③ □に「軽」を書きましょう。

□《けい》食《しょく》。□《かる》い箱《はこ》。

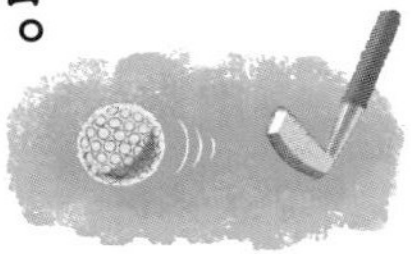

5

① ゆび でなぞりましょう。

練

糸	14画

読み方：レン／ねる

いみ：・ものをこねる　・ねる

②「練」を書きましょう。

③ □に「練」を書きましょう。

□《れん》習《しゅう》。ねん土を□《ね》る。

6

① ゆび でなぞりましょう。

習

羽	11画

読み方：シュウ／ならう

いみ：・学んでみにつける　・ならわし

②「習」を書きましょう。

③ □に「習」を書きましょう。

学《がく》□《しゅう》。漢《かん》字《じ》を□《なら》う。

7 ――のかん字の読みがなを書きましょう。（一つ4点）

① おもちゃが動く。（　）

② ピアノを習う。（　）

③ 球《たま》が転がる。（　）

④ 軽食をとる。（　）

⑤ 車を運転する。（　）

⑥ 野球《やきゅう》の練習。（　）

⑦ 作せんを練る。（　）

⑧ 軽い運動。（　）（　）

⑨ いすを運ぶ。（　）

8 □にかん字を、（　）におくりがなを書きましょう。（一つ4点）

① ボールが□（がる）。《ころがる》

② ひき肉を手で□る。《ね》

③ □（い）□□。《かるい》《うんどう》

④ そろばんを□（う）。《ならう》

⑤ バレエの□□。《れんしゅう》

⑥ つくえを□（ぶ）。《はこぶ》

⑦ バスの□□手《しゅ》。《うんてん》

⑧ 電車が□（く）。《うごく》

⑨ □食をとる。《けいしょく》

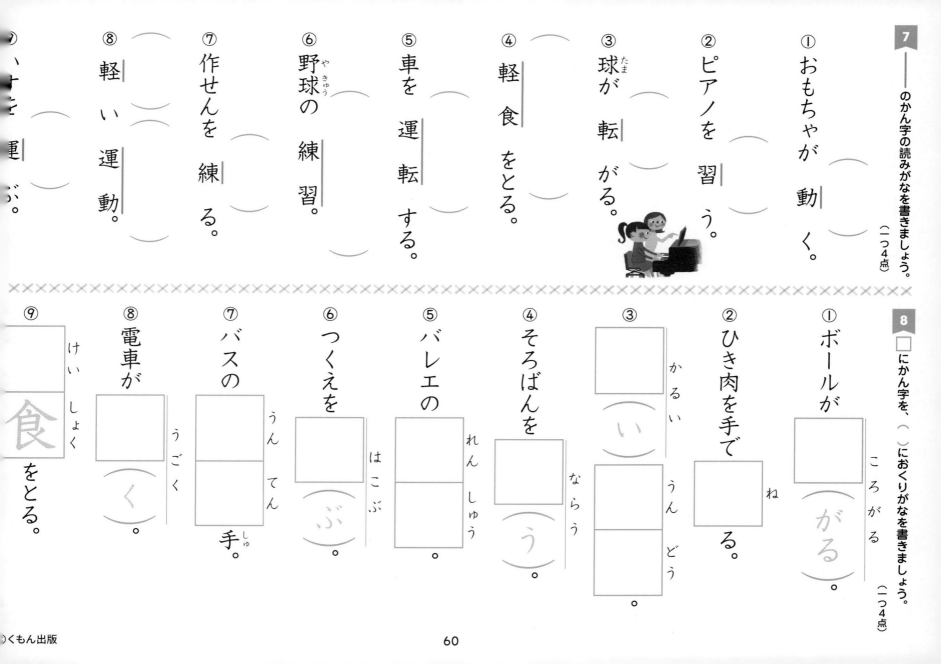

表・面・帳・助・勉

（1～5は全部書いて20点）

1

① ゆび でなぞりましょう。

表

② 「表」を書きましょう。

8画	衣

読み方：ヒョウ　おもて・あらわす　あらわれる

いみ：・外になるぶぶん　・あらわす　・図ひょう

③ □に「表」を書きましょう。

意見《いけん》を発《はっ》□《ぴょう》する。

はがきの□《おもて》。

よろこびを□《あらわ》す。

2

① ゆび でなぞりましょう。

面

② 「面」を書きましょう。

9画	面

読み方：メン　(おも)・(おもて)　(つら)

いみ：・顔　・たいらなぶぶん　・めん

③ □に「面」を書きましょう。

表《ひょう》□《めん》。

物語《ものがたり》の場《ば》□《めん》。

3

① ゆび でなぞりましょう。

帳

② 「帳」を書きましょう。

11画	巾

読み方：チョウ　―

いみ：・まく　・ノート

③ □に「帳」を書きましょう。

手《て》□《ちょう》。

日記《にっき》□《ちょう》。

4

① ゆび でなぞりましょう。

助

② 「助」を書きましょう。

7画	力

読み方：ジョ　たすける　たすかる・(すけ)

いみ：・力をかす　・手つだう　・たすけてはたらく

③ □に「助」を書きましょう。

□《じょ》言《げん》。

人を□《たす》ける。

5

① ゆび でなぞりましょう。

勉

② 「勉」を書きましょう。

10画	力

読み方：ベン　―

いみ：・はげむ　・つとめる

③ □に「勉」を書きましょう。

□《べん》強《きょう》。

□《べん》学《がく》にはげむ。

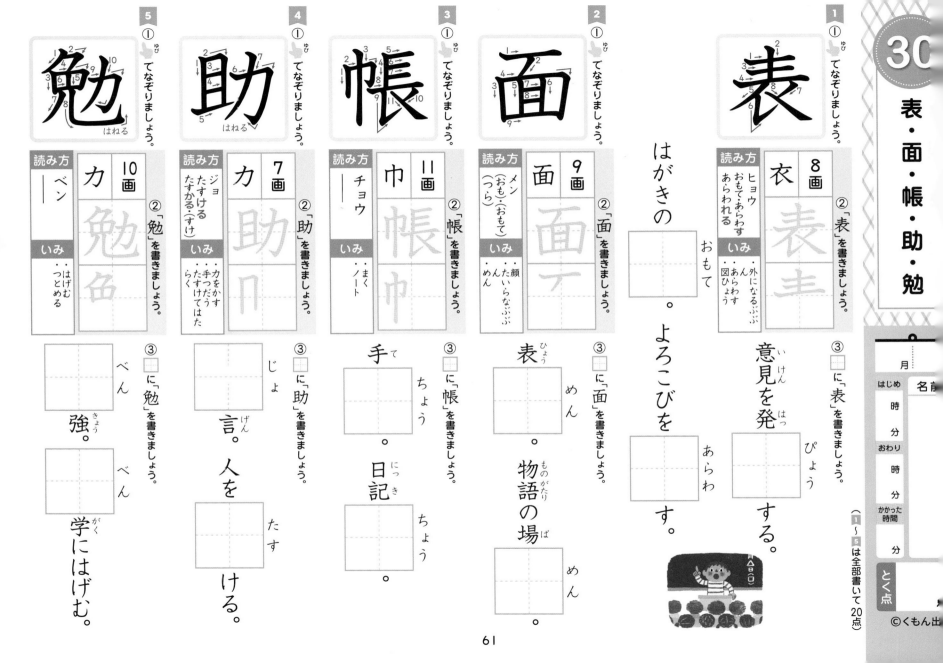

6 ——のかん字の読みがなを書きましょう。（一つ5点）

① コインの表とうら。

② 意見《いけん》を発表（はっ）する。

③ 手帳に記す。

④ 月の表面。

⑤ 算数の勉強。

⑥ 子犬を助ける。

⑦ 父の助言。

⑧ 気《き》持《も》ちを顔に表す。

7 □にかん字を、（　）におくりがなを書きましょう。（一つ5点）

① 手《て》□《ちょう》にメモする。

② 板《いた》の□□《ひょうめん》。

③ 子ねこを□《たす》（ける）《ける》。

④ 友だちに□《じょ》言《げん》する。

⑤ グラフで□《あらわ》（す）《す》。

⑥ はがきの□《おもて》。

⑦ 一人《ひとり》ずつ発《はっ》□《ぴょう》する。

⑧ 国語の□《べん》強《きょう》。

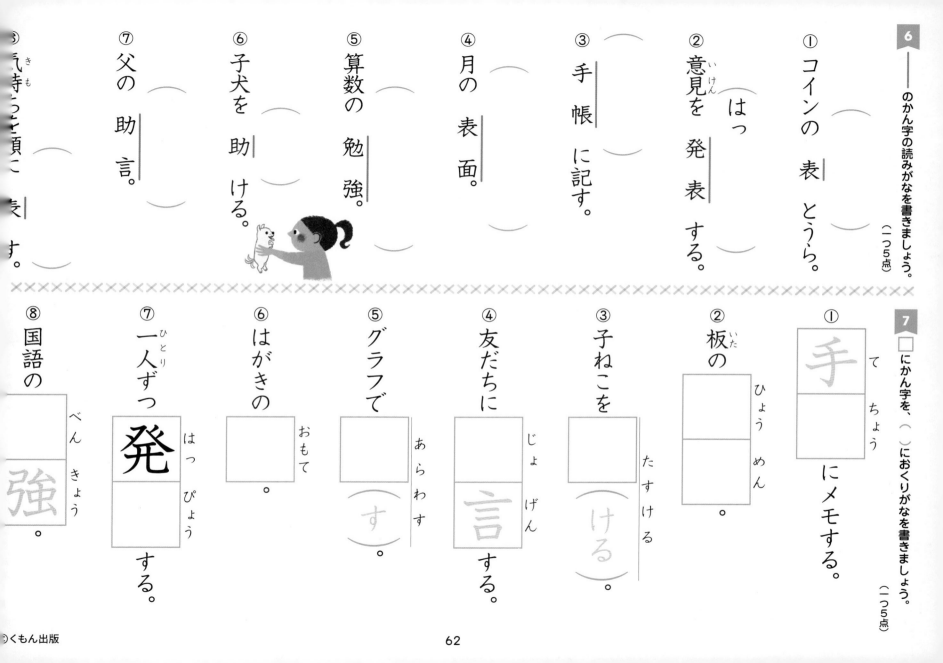

31 礼・神・祭・持・待

1

① ゆび でなぞりましょう。

礼（はねる）

読み方	ネ	5画
レイ・(ライ) ―	礼	ネ
いみ ・さほうやぎしき ・かんしゃのことば		

② 「礼」を書きましょう。

③ □に「礼」を書きましょう。

お□《れい》。

失《しつ》□《れい》な言葉《ことば》。

2

① ゆび でなぞりましょう。

神

読み方	ネ	9画
シン・ジン かみ (かん)・(こう)	神	ネ
いみ ・かみ ・心		

② 「神」を書きましょう。

③ □に「神」を書きましょう。

ギリシャ□《しん》話《わ》。

□《じん》社《じゃ》へおまいりする。

□《かみ》様《さま》。

3

① ゆび でなぞりましょう。

祭（はねる）

読み方	示	11画
サイ まつり まつる	祭	タ
いみ ・神や、そせんなどをまつるぎょうじ		

② 「祭」を書きましょう。

③ □に「祭」を書きましょう。

文化《ぶんか》□《さい》。

ひな□《まつ》り。

4

① ゆび でなぞりましょう。

持（はねる）

読み方	扌	9画
ジ もつ	持	扌
いみ ・手にとる ・もちこたえる		

② 「持」を書きましょう。

③ □に「持」を書きましょう。

所《しょ》□《じ》品《ひん》。

手に□《も》つ。

5

① ゆび でなぞりましょう。

待

読み方	イ	9画
タイ まつ	待	イ
いみ ・あてにしてまちうける ・もてなす		

② 「待」を書きましょう。

③ □に「待」を書きましょう。

期《き》□《たい》。

駅《えき》で□《ま》つ。

（1～5は全部書いて20点）

月 日

名前

はじめ 時 分

おわり 時 分

かかった時間 分

とく点

6 ―のかん字の読みがなを書きましょう。（一つ4点）

① 所持（しょ）品《ひん》を見せる。

② 文化《ぶんか》祭（　　）が楽しみだ。

③ 神様（　　さま）にちかう。

④ お礼（　　）を言う。

⑤ バッグを持（　　）つ。

⑥ 神社（　　）で待（　　）つ。

⑦ 期待（　　）が大きい。

⑧ 夏《なつ》祭（　　）り。

⑨ 神話（　　）を読む。

7 □にかん字を、（　）におくりがなを書きましょう。（一つ4点）

① ギリシャ□《しん》話《わ》。

② お□《れい》の言葉《ことば》。

③ ひな□《まつ》（り）のかざり。

④ 所《しょ》□《じ》品《ひん》のけんさ。

⑤ □《かみ》様《さま》にいのる。

⑥ かばんを□《も》つ。

⑦ 活やくを期《き》□《たい》する。

⑧ □《じん》社《じゃ》で□《ま》つ。

⑨ 高校の文化《ぶんか》□《さい》。

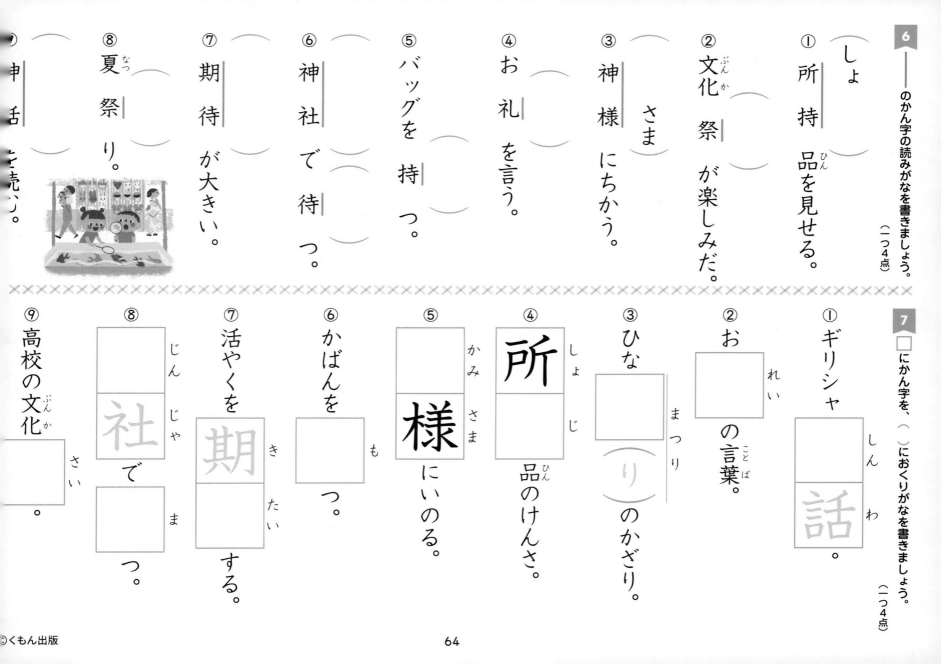

32 かくにんドリル⑧

月　日

はじめ　時　分

おわり　時　分

かかった時間　分

名前

とく点　点

1 ——のかん字の読みがなを書きましょう。（一つ2点）

① 手帳に記す。

② 文《ぶん》化《か》祭のじゅんび。

③ 軽食をとる。

④ 神社のけいだい。

⑤ バスを運転する。

⑥ お礼を言う。

2 ——のかん字の読みがなを書きましょう。（一つ4点）

①
次《つぎ》に期待する。
母の帰りを待つ。

②
所《しょ》持品《ひん》のかくにん。
荷《に》物《もつ》を持つ。

③
神様《さま》にいのる。
神話を読む。

④
サッカーの練習。
計画を練る。

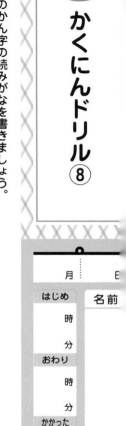

3 □にかん字を書きましょう。（一つ4点）

① 秋の□□《うんどう》会《かい》。

② コインの□《おもて》とうら。

③ □□《けいしょく》をとる。

④ 毎日□□《べんきょう》する。

⑤ 月の□□《ひょうめん》。

⑥ □□《じょげん》を聞く。

4 ――のことばをかん字とおくりがなで書きましょう。（一つ4点）

① かめがゆっくりうごく。

② 秋まつりでにぎわう。

③ ビー玉がころがる。

④ 気《き》持《も》ちを顔にあらわす。

⑤ 車で荷《に》物《もつ》をはこぶ。

⑥ かるいだんボールの箱《はこ》。

⑦ えい語をならう。

⑧ 子犬の命《いのち》をたすける。

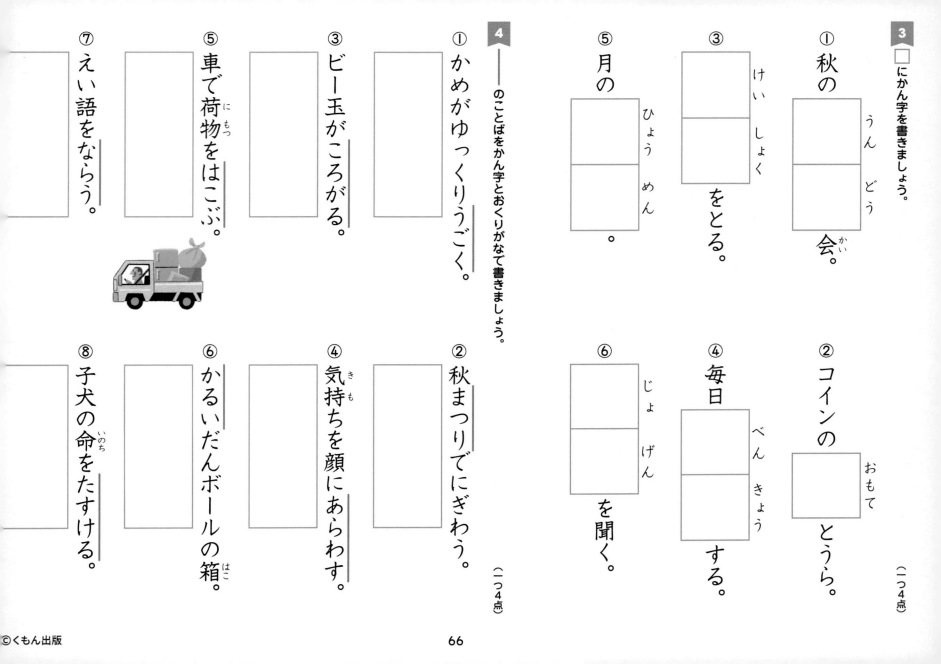

33 泳・油・消・流・深

（1～5は全部書いて12点）

1

①《ゆび》でなぞりましょう。

泳 （はねる）

②「泳」を書きましょう。

8画	氵

読み方　エイ／およぐ

いみ　・水の中をすすむ　・およぐ

泳　氵

③ □に「泳」を書きましょう。

水《すい》□《えい》。

魚が□《およ》ぐ。

2

①《ゆび》でなぞりましょう。

油

②「油」を書きましょう。

8画	氵

読み方　ユ／あぶら

いみ　・あぶら

油　氵

③ □に「油」を書きましょう。

石《せき》□《ゆ》。

□《あぶら》絵《え》。

3

①《ゆび》でなぞりましょう。

消 （はねる）

②「消」を書きましょう。

10画	氵

読み方　ショウ／きえる・けす

いみ　・きえる　・見えなくなる

消　氵

③ □に「消」を書きましょう。

食《た》べ物《もの》を□《しょう》化《か》する。

火が□《き》える。電気を□《け》す。

4

①《ゆび》でなぞりましょう。

流 （はねる）

②「流」を書きましょう。

10画	氵

読み方　リュウ・（ル）／ながれる／ながす

いみ　・ながれる　・せけんに広まる

流　氵

③ □に「流」を書きましょう。

□《りゅう》行《こう》。

水が□《なが》れる。

5

①《ゆび》でなぞりましょう。

深

②「深」を書きましょう。

11画	氵

読み方　シン／ふかい・ふかまる／ふかめる

いみ　・ふかい　・ていどが大きい

深　氵

③ □に「深」を書きましょう。

□《しん》夜《や》。

□《ふか》い海。

月　日　名前

はじめ　時　分

おわり　時　分

かかった時間　分

とく点　点

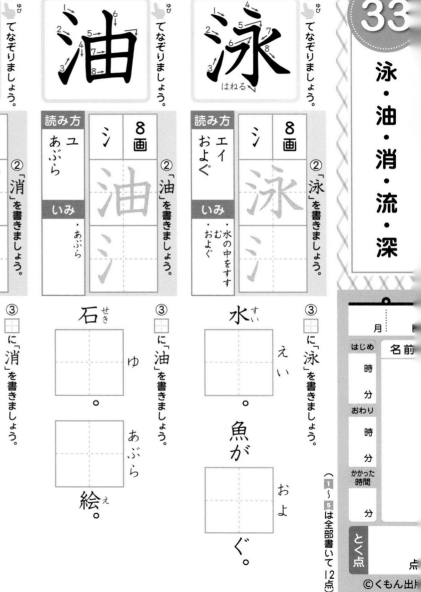

6 ――のかん字の読みがなを書きましょう。（一つ4点）

① 水泳（　　）のせん手《しゅ》。

② 食《た》べ物《もの》の消化（　　）。

③ 深夜《や》（　　）に電気を消（　　）す。

④ 火が消（　　）える。

⑤ 流行（　　）の色や形。

⑥ 川が流（　　）れる。

⑦ 油絵（　　）をかく。

⑧ 深（　　）い海で泳（　　）ぐ。

⑨ 石油（　　）ストーブ。

7 □にかん字を、（　）におくりがなを書きましょう。（一つ4点）

① 水《すい》□《えい》の時間。

② 水が□（れる）《ながれる》。

③ 有名《ゆうめい》な□《あぶら》絵《え》。

④ たき火が□（える）《きえる》。

⑤ 石《せき》□《ゆ》ストーブ。

⑥ □《しん》夜《や》に電気を□《け》す。

⑦ □《ふか》い海で□《およ》ぐ。

⑧ 食《た》べ物《もの》を□《しょう》化《か》する。

⑨ □《りゅう》行《こう》の洋《よう》服《ふく》。

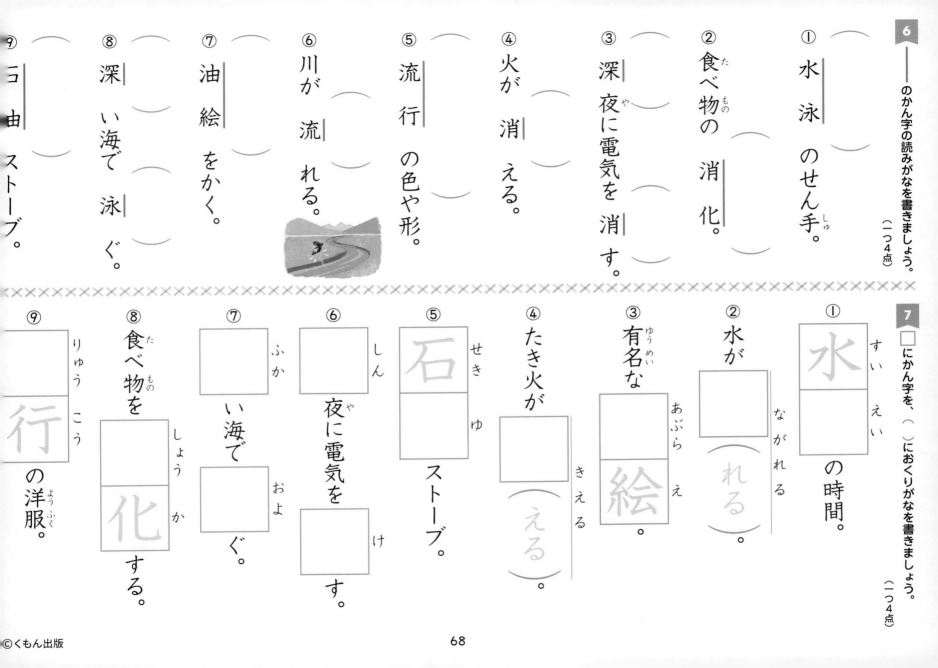

月	日
名前	
はじめ	時 分
おわり	時 分
かかった時間	分
とく点	

（1～6は全部書いて20点）

1

① ゆび でなぞりましょう。

湖（はねる）

読み方：コ　みずうみ　12画　氵

いみ：・みずうみ

② 「湖」を書きましょう。

③ □に「湖」を書きましょう。

□《こ》水《すい》。　山の□《みずうみ》。

2

① ゆび でなぞりましょう。

港（はねる）

読み方：コウ　みなと　12画　氵

いみ：・船やひこうきが、ついたり出たりするところ

② 「港」を書きましょう。

③ □に「港」を書きましょう。

空《くう》□《こう》。　□《みなと》町《まち》。

3

① ゆび でなぞりましょう。

湯（はねる）

読み方：トウ　ゆ　12画　氵

いみ：・水をわかしたもの　・ふろ

② 「湯」を書きましょう。

③ □に「湯」を書きましょう。

熱《ねっ》□《とう》。　お□《ゆ》。

4

① ゆび でなぞりましょう。

漢

読み方：カン　――　13画　氵

いみ：・中国のことや中国にかんけいすること

② 「漢」を書きましょう。

③ □に「漢」を書きましょう。

□《かん》字《じ》。　□《かん》和《わ》じてん。

5

① ゆび でなぞりましょう。

宿

読み方：シュク　やど・やどる　やどす　11画　宀

いみ：・ねとまりするところ　・前からの

② 「宿」を書きましょう。

③ □に「宿」を書きましょう。

□《しゅく》題《だい》。　雨《あま》□《やど》り。

6

① ゆび でなぞりましょう。

題

読み方：ダイ　――　18画　頁

いみ：・内ようをしめす見出し　・答えることがら

② 「題」を書きましょう。

③ □に「題」を書きましょう。

□《だい》名《めい》。　問《もん》□《だい》。

7 ――のかん字の読みがなを書きましょう。（一つ4点）

① 美《うつく》しい湖。（　　）

② 空港のひこうき。（　　）

③ きれいな湖水。（　　）

④ 漢字の宿題。（　　）（　　）

⑤ 雨《あま》宿りをする。（　　）

⑥ 本の題名。（　　）

⑦ お湯をわかす。（　　）

⑧ 熱湯を注《そそ》ぐ。（ねっ　　）

⑨ …の…町。（　　）

8 □にかん字を、（　）におくりがなを書きましょう。（一つ4点）

① 森にかこまれた□《みずうみ》。

② やかんの熱《ねっ》□《とう》。

③ 国さい線の空《くう》□《こう》。

④ □《みなと》町《まち》ではたらく。

⑤ なべのお□《ゆ》。

⑥ 雨《あま》□（り）《やどり》をする。

⑦ 曲《きょく》の□《だい》名《めい》。

⑧ □《かん》字《じ》の□《しゅく》□《だい》。

⑨ □《こ》水《すい》にうつる山。

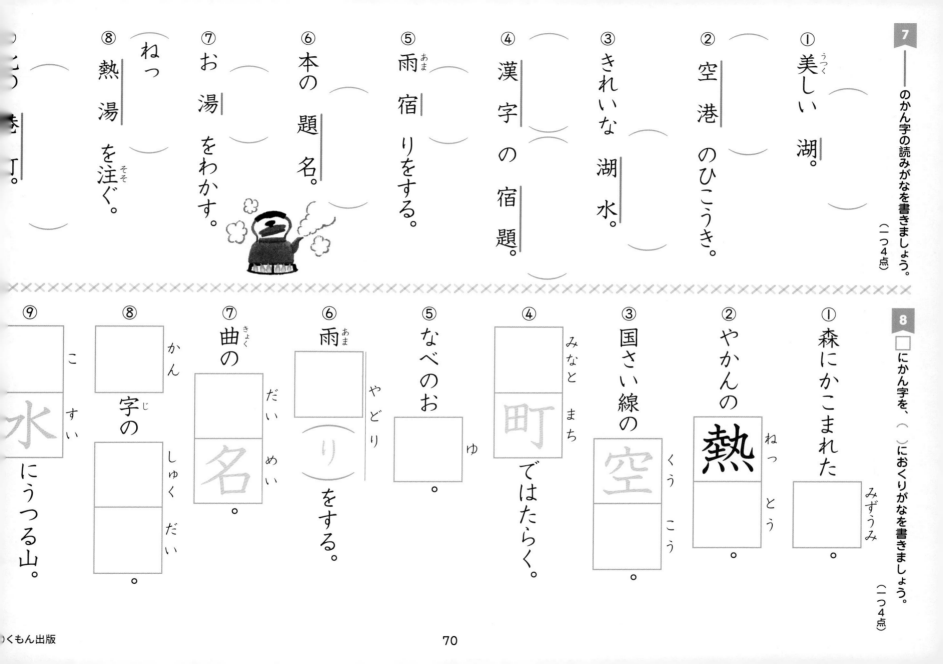

35 坂・返・板・庫・庭

★は、読み書きをまちがえやすいかん字です。

1

① ゆびでなぞりましょう。

坂（右上へ）

② 「坂」を書きましょう。

7画　土

読み方：（ハン）　さか

いみ：・かたむいている道や地形

③ □に「坂」を書きましょう。

□《さか》道《みち》。

□《さか》を上る。

2

① ゆびでなぞりましょう。

返

② 「返」を書きましょう。

7画　辶

読み方：ヘン　かえす・かえる

いみ：・もとにもどす　・かえす

③ □に「返」を書きましょう。

□《へん》事《じ》。

本を□《かえ》す。

3

① ゆびでなぞりましょう。

板

② 「板」を書きましょう。

8画　木

読み方：ハン・バン　いた

いみ：・いた　・うすくてひらたいもの

③ □に「板」を書きましょう。

★肉を鉄《てっ》□《ぱん》でやく。

黒《こく》□《ばん》の字を消《け》す。

ゆか□《いた》。

4

① ゆびでなぞりましょう。

庫

② 「庫」を書きましょう。

10画　广

読み方：コ・（ク）　―

いみ：・ものをしまっておくたてものや入れもの

③ □に「庫」を書きましょう。

学級文《がっきゅうぶん》□《こ》。

車《しゃ》□《こ》。

5

① ゆびでなぞりましょう。

庭

② 「庭」を書きましょう。

10画　广

読み方：テイ　にわ

いみ：・にわ　・ものごとを行うところ

③ □に「庭」を書きましょう。

校《こう》□《てい》。

□《にわ》の花。

月　日

名前

はじめ　時　分

おわり　時　分

かかった時間　分

とく点

（1～5は全部書いて28点）

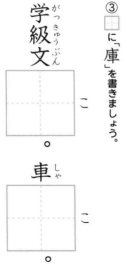

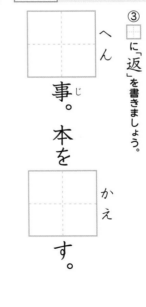

6 ――のかん字の読みがなを書きましょう。（一つ4点）

① 校庭（　　）で遊《あそ》ぶ。

② かさを返（　　）す。

③ 教室のゆか板（　　）。

④ 急《きゅう》な坂道（　　）。

⑤ 庭（　　）に花がさく。

⑥ あつい鉄板（てっ　）。

⑦ 返事（　　）をする。

⑧ 学級《がっきゅう》文庫（　　）を読む。

⑨ 黒板（　　）に字を書く。

7 □にかん字を、（　）におくりがなを書きましょう。（一つ4点）

① □《さか》道《みち》を上る。

② □《にわ》を走り回る。

③ 鉄《てっ》□《ぱん》やきの店。

④ 学級《がっきゅう》文《ぶん》□《こ》。

⑤ 校《こう》□《てい》のさくらの木。

⑥ 先生が黒《こく》□《ばん》に書く。

⑦ 本を□《かえす》（す）。

⑧ ゆか□《いた》をふく。

⑨ すぐ□《へん》事《じ》をする。

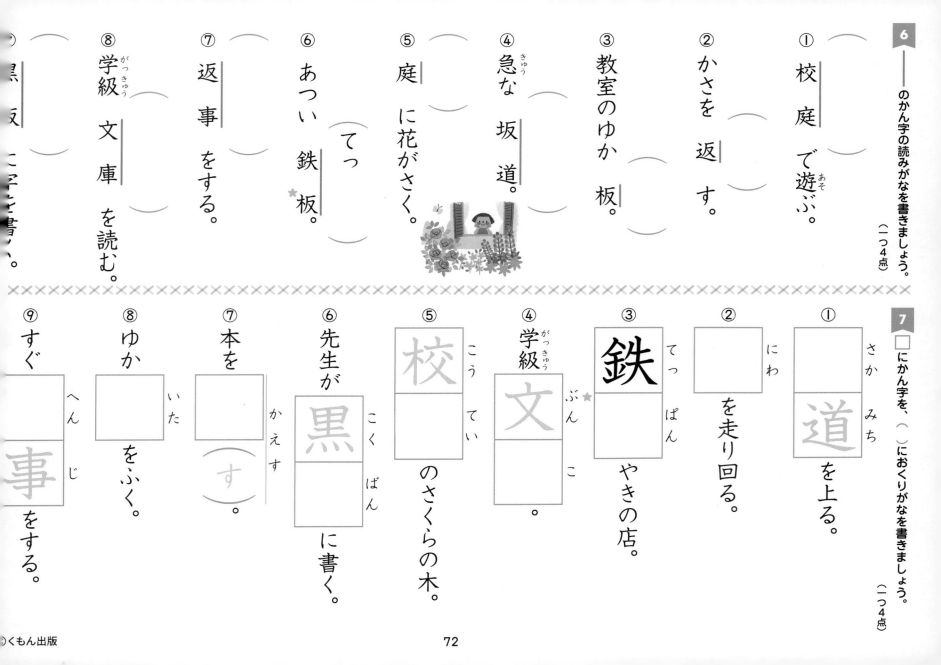

36 かくにんドリル⑨

★は、読み書きをまちがえやすいかん字です。

月　日

はじめ　時　分

おわり　時　分

かかった時間　分

名前

とく点　点

1 ――のかん字の読みがなを書きましょう。（一つ2点）

① すぐ返事をする。

② 空港のひこうき。

③ 水泳のせん手。

④ 校庭を走り回る。

⑤ 学《がっ》級《きゅう》文庫。

⑥ お湯をわかす。

2 ――のかん字の読みがなを書きましょう。（一つ4点）

①
石油せい品《ひん》。
美《うつく》しい油絵。

②
肉を鉄《てっ》★板でやく。
ゆか板をはる。

③
消化のよい食《た》べ物《もの》。
ラジオの音を消す。

④
湖の魚。
美《うつく》しい湖水。

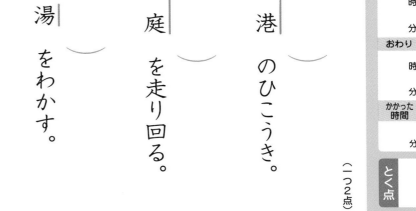

3 □にかん字を書きましょう。（一つ4点）

① □□《さかみち》を下る。

② 今年《ことし》の□□《りゅうこう》。

③ □□《しんや》の番組。

④ □□《かんじ》の練習《れんしゅう》。

⑤ 国語の□□《しゅくだい》。

⑥ 熱《ねっ》□《とう》で消《しょう》どくする。

⑦ 広い□《にわ》を歩く。

⑧ □□《みなとまち》がにぎわう。

4 ――のことばをかん字とおくりがなで書きましょう。（一つ4点）

① 雨水が<u>ながれる</u>。

② 足が立たない<u>ふかい</u>川。

③ 明かりが<u>きえる</u>。

④ かりた本を<u>かえす</u>。

⑤ プールで<u>およぐ</u>。

⑥ 店の前で雨《あま》<u>やどり</u>する。

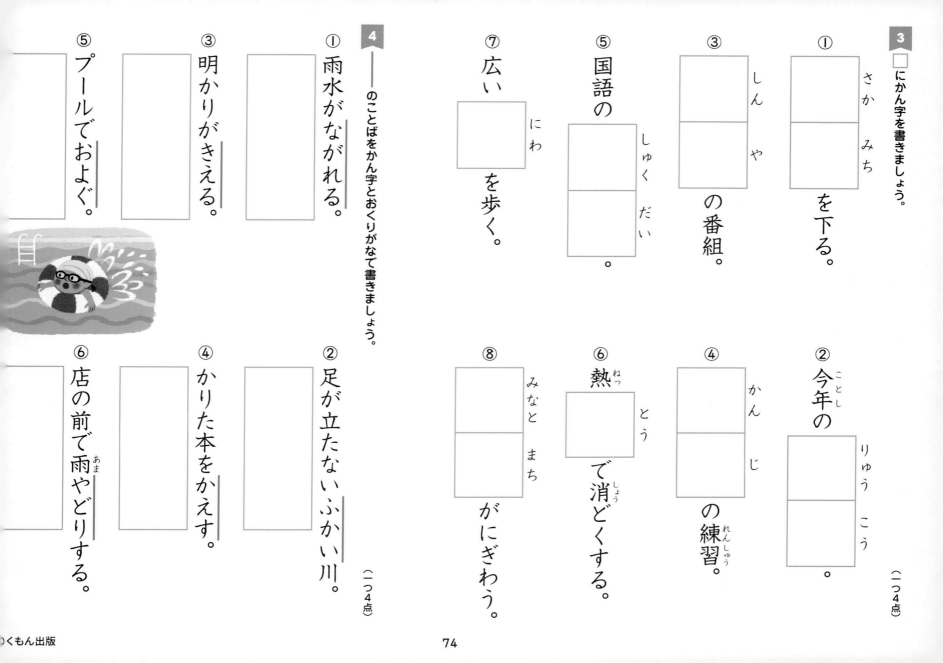

37 苦・落・葉・薬・起

★は、読み書きをまちがえやすいかん字です。

月　日

名前

はじめ　時　分

おわり　時　分

かかった時間　分

とく点

（1～5は全部書いて12点）

1

① ゆびでなぞりましょう。

苦（長く）

② 「苦」を書きましょう。

艹	8画

読み方：ク　くるしい　くるしむ　くるしめる　にがい・にがる

いみ：・くるしい　・つらい　・にがい

③ □に「苦」を書きましょう。

く□心《しん》して絵を仕《し》上《あ》げる。

にが□いコーヒーを飲《の》む。

息《いき》がくる□しい。

2

① ゆびでなぞりましょう。

落

② 「落」を書きましょう。

艹	12画

読み方：ラク　おちる　おとす

いみ：・おちる　・おとす　・ぬける　・おさまる

③ □に「落」を書きましょう。

★だんらく□。

葉《は》がお□ちる。

3

① ゆびでなぞりましょう。

葉

② 「葉」を書きましょう。

艹	12画

読み方：ヨウ　は

いみ：・草木のは

③ □に「葉」を書きましょう。

落《らく》よう□。

は□っぱ。

4

① ゆびでなぞりましょう。

薬

② 「薬」を書きましょう。

艹	16画

読み方：ヤク　くすり

いみ：・くすり

③ □に「薬」を書きましょう。

やっ□局《きょく》。

くすり□を飲《の》む。

5

① ゆびでなぞりましょう。

起（はねる）

② 「起」を書きましょう。

走	10画

読み方：キ　おきる　おこる　おこす

いみ：・おきあがる　・はじまる

③ □に「起」を書きましょう。

き□立《りっ》。

早くお□きる。

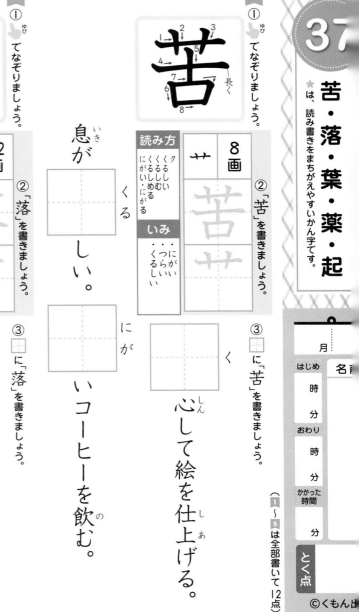

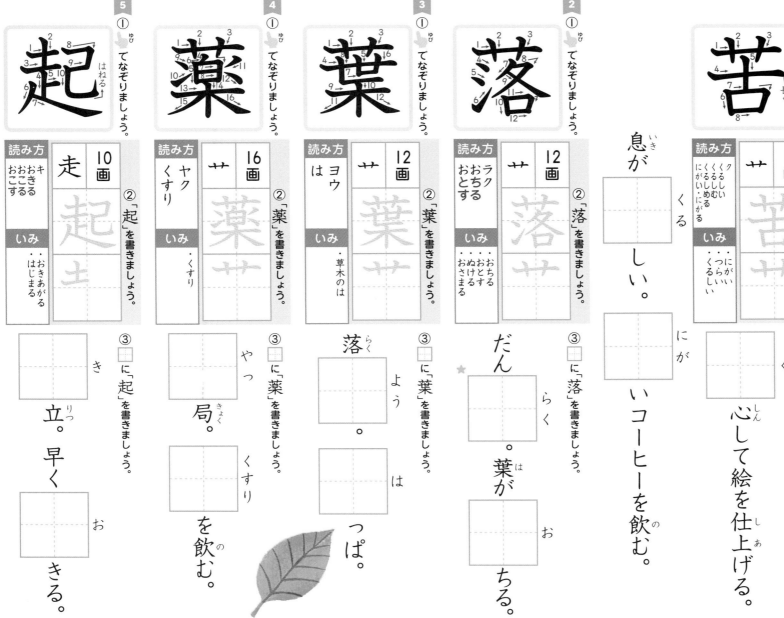

6 ―のかん字の読みがなを書きましょう。（一つ4点）

① 苦（　）いコーヒー。

② 息《いき》が苦（　）しい。

③ ☆落葉（　）する木。

④ かれ葉（　）が落（　）ちる。

⑤ 早く起（　）きる。

⑥ 苦心（　）して絵をかく。

⑦ 薬局（　）にある薬（　）。

⑧ 文章《ぶんしょう》のだん☆落（　）。

⑨ 起…（　）…歌う。

7 □にかん字を、（　）におくりがなを書きましょう。（一つ4点）

① □□（やっきょく）で売る□（くすり）。

② 秋に☆□□（らくよう）する木。

③ □立（きりつ）して礼《れい》をする。

④ □心（くしん）して作る。

⑤ 実《み》が□（ちる）（おちる）。

⑥ □（い）（にがい）お茶の□（は）。

⑦ 朝早く□（きる）（おきる）。

⑧ □（しい）（くるしい）立場。

⑨ だん□（らく）ごとに読む。

38 笛・第・等・筆・箱・美

★は、読み書きをまちがえやすいかん字です。

月　日　名前

はじめ　時　分
おわり　時　分
かかった時間　分
とく点　点

（1～6は全部書いて20点）

1

① ☝《ゆび》でなぞりましょう。

笛

② 「笛」を書きましょう。

⺮	11画

読み方：テキ　ふえ

いみ：・ふえ、音を出すどうぐ

③ □に「笛」を書きましょう。

汽《き》□《てき》。

□《ふえ》をふく。

2

① ☝《ゆび》でなぞりましょう。

第（はねる）

② 「第」を書きましょう。

⺮	11画

読み方：ダイ　―

いみ：・じゅんじょをあらわすことば

③ □に「第」を書きましょう。

□《だい》一回《いっかい》。

□《だい》一走者《いちそうしゃ》。

3

① ☝《ゆび》でなぞりましょう。

等（長く）

② 「等」を書きましょう。

⺮	12画

読み方：トウ　ひとしい

いみ：・同じであること　・ものごとのじゅんじょ

③ □に「等」を書きましょう。

上《じょう》□《とう》。

★数が□《ひと》しい。

4

① ☝《ゆび》でなぞりましょう。

筆

② 「筆」を書きましょう。

⺮	12画

読み方：ヒツ　ふで

いみ：・ふで　・絵や字をかく

③ □に「筆」を書きましょう。

えん□《ぴつ》。

□《ふで》でぬる。

5

① ☝《ゆび》でなぞりましょう。

箱

② 「箱」を書きましょう。

⺮	15画

読み方：―　はこ

いみ：・入れもの　・はこ

③ □に「箱」を書きましょう。

おかしの□《はこ》。

筆《ふで》□《ばこ》。

6

① ☝《ゆび》でなぞりましょう。

美

② 「美」を書きましょう。

羊	9画

読み方：ビ　うつくしい

いみ：・きれい　・りっぱな　・おいしい　・ほめる

③ □に「美」を書きましょう。

□《び》人《じん》。

□《うつく》しい花。

7 ——のかん字の読みがなを書きましょう。（一つ4点）

① 第一回《いっかい》大会。

② 美人の姉。

③ 美しいけしき。

④ ★等しい大きさ。

⑤ 笛をふく。

⑥ 汽笛を鳴らす。

⑦ 筆箱のえん筆。

⑧ 上等な筆。

8 □にかん字を、（　）におくりがなを書きましょう。（一つ4点）

① 上□《じょうとう》な□《ふで》。

② ★長さが□（しい）《ひとしい》。

③ 汽□《きてき》が聞こえる。

④ □□《ふでばこ》のえん□《ぴつ》。

⑤ すがたが□（しい）《うつくしい》。

⑥ □《ふえ》を練習《れんしゅう》する。

⑦ □《だい》一回《いっかい》のゆう勝者《しょうしゃ》。

⑧ □人《びじん》の絵。

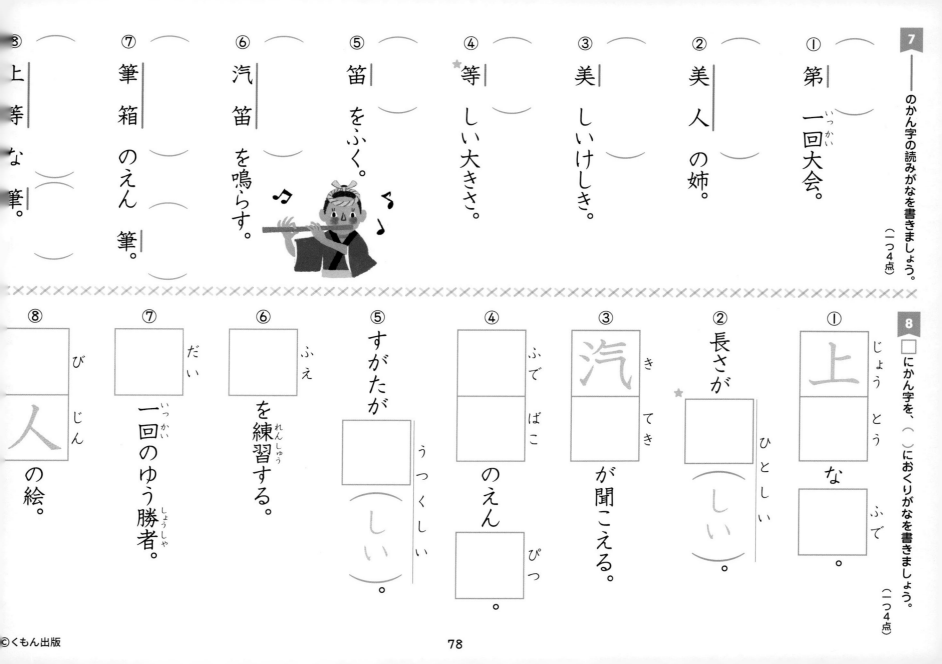

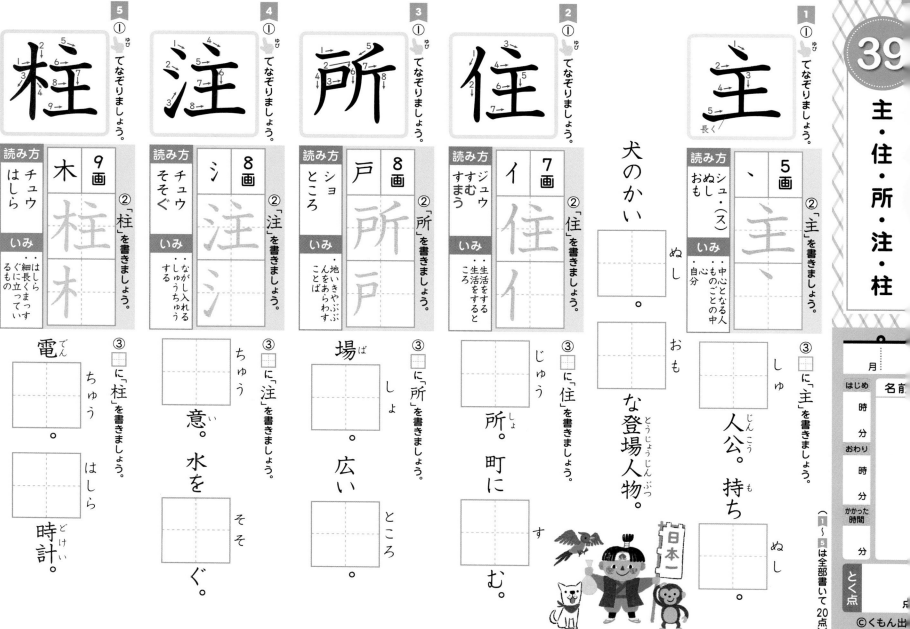

39 主・住・所・注・柱

（1～5は全部書いて20点）

1

① ゆびでなぞりましょう。

主（長く）

読み方	5画
シュ・(ス) ぬし おも	、

いみ
・中心となる人
・ものごとの中心
・自分

② 「主」を書きましょう。

③ □に「主」を書きましょう。

□《しゅ》人公《じんこう》。持《も》ち□《ぬし》。

犬のかい□《ぬし》。□《おも》な登場人物《とうじょうじんぶつ》。

2

① ゆびでなぞりましょう。

住

読み方	7画
ジュウ すむ すまう	イ

いみ
・生活をする
・生活をするところ

② 「住」を書きましょう。

③ □に「住」を書きましょう。

□《じゅう》所《しょ》。町に□《す》む。

3

① ゆびでなぞりましょう。

所

読み方	8画
ショ ところ	戸

いみ
・地いきやぶぶんをあらわすことば

② 「所」を書きましょう。

③ □に「所」を書きましょう。

場《ば》□《しょ》。広い□《ところ》。

4

① ゆびでなぞりましょう。

注

読み方	8画
チュウ そそぐ	氵

いみ
・ながし入れる
・しゅうちゅうする

② 「注」を書きましょう。

③ □に「注」を書きましょう。

□《ちゅう》意《い》。水を□《そそ》ぐ。

5

① ゆびでなぞりましょう。

柱

読み方	9画
チュウ はしら	木

いみ
・はしら
・細長くまっすぐに立っているもの

② 「柱」を書きましょう。

③ □に「柱」を書きましょう。

電《でん》□《ちゅう》。□《はしら》時《ど》計《けい》。

6 ――のかん字の読みがなを書きましょう。（一つ4点）

① 日が当たる所。（　　）

② 主人公の気持《きも》ち。（　　）

③ 注意して見る。（　　）

④ 新しい住所。（　　）

⑤ 都会《とかい》に住む。（　　）

⑥ 主な登場人物《とうじょうじんぶつ》。（　　）

⑦ コップに水を注ぐ。（　　）

⑧ 柱時計《どけい》の持《も》ち主。（　　）（　　）

⑨ 電柱の工事《こうじ》。（　　）

7 □にかん字を、（　）におくりがなを書きましょう。（一つ4点）

① いなかに□《す》む。

② お湯《ゆ》を□《そそぐ》（ぐ）。

③ 作者《さくしゃ》の□《おも》な作品《さくひん》。

④ 足もとに□意《ちゅうい》する。

⑤ 物語《ものがたり》の□人公《しゅじんこう》。

⑥ 電□《でんちゅう》のかん板《ばん》。

⑦ □《はしら》時計《どけい》の持《も》ち□《ぬし》。

⑧ 高い□《ところ》に上がる。

⑨ □□《じゅうしょ》を教える。

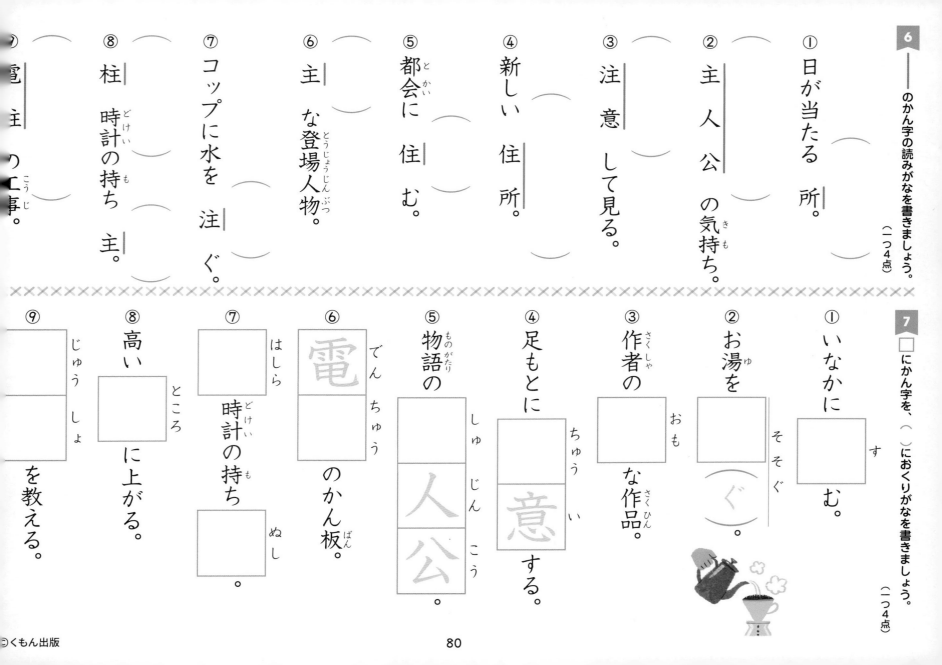

40 かくにんドリル⑩

★は、読み書きをまちがえやすいかん字です。

月　日

はじめ　時　分

おわり　時　分

かかった時間　分

名前

とく点　点

1 ━━のかん字の読みがなを書きましょう。（一つ2点）

① 上等な洋服《ようふく》。

② 全員《ぜんいん》が起立する。

③ 家をささえる柱。

④ 集合《しゅうごう》する場所。

⑤ 苦いお茶。

⑥ 大きな家に住む。

2 ━━のかん字の読みがなを書きましょう。（一つ4点）

① HB《エッチビー》のえん筆。
細い筆で書く。

② 薬局へ行く。
かぜの薬。

③ 家の主人。
かさの持《も》ち主。

④ 汽笛が聞こえる。
笛をふく。

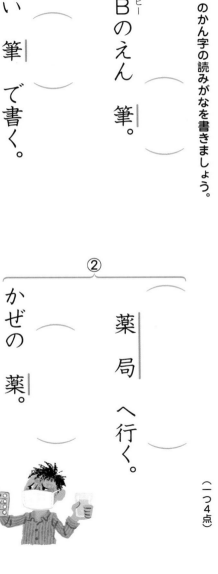

3 □にかん字を書きましょう。（一つ4点）

① 落《お》ち□《ば》を拾《ひろ》う。

② ★文章《ぶんしょう》のだん□《らく》。

③ □《だい》三回《さんかい》の音楽会。

④ □□《でんちゅう》のかん板《ばん》。

⑤ 友だちの□□《じゅうしょ》。

⑥ 水色の□□《ふでばこ》。

⑦ □《おも》な話題《わだい》。

⑧ 車に□□《ちゅうい》する。

4 ——のことばをかん字とおくりがなで書きましょう。（一つ4点）

① ★長さが<u>ひとしい</u>。□

② 花びらが<u>おちる</u>。□

③ 雨がふり<u>そそぐ</u>。□

④ <u>うつくしい</u>写真《しゃしん》。□

⑤ むねが<u>くるしい</u>。□

⑥ 事《じ》けんが<u>おきる</u>。□

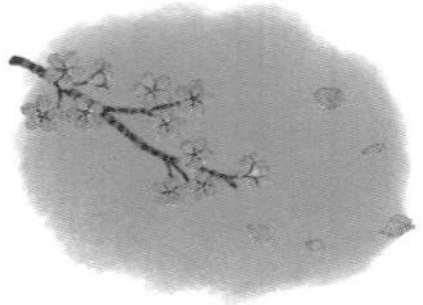

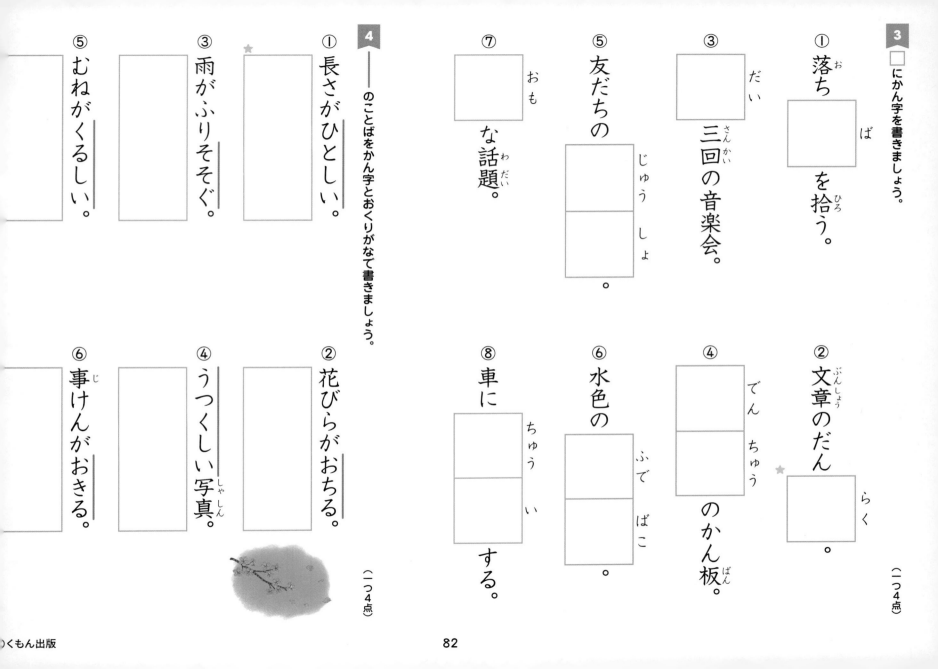

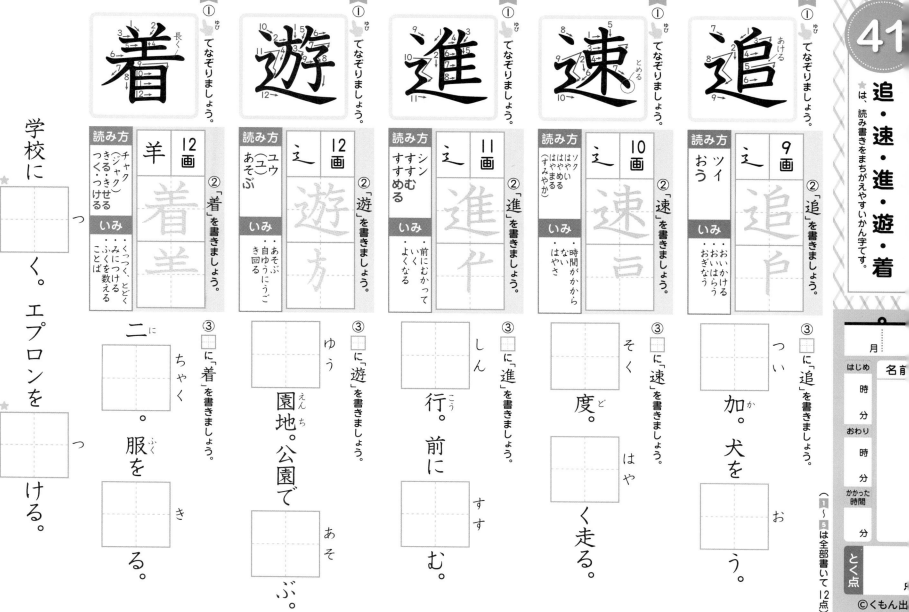

41 追・速・進・遊・着

★は、読み書きをまちがえやすいかん字です。

月　日

はじめ　時　分

おわり　時　分

かかった時間　分

名前

とく点　点

（1～5は全部書いて12点）

1

① ゆびでなぞりましょう。

追（あける）

② 「追」を書きましょう。

9画	辶

読み方：ツイ／おう

いみ：・おいかける ・おいはらう ・おぎなう

③ □に「追」を書きましょう。

□《つい》加《か》。

犬を□《お》う。

2

① ゆびでなぞりましょう。

速（とめる）

② 「速」を書きましょう。

10画	辶

読み方：ソク／はやい／はやめる／はやまる／（すみやか）

いみ：・時間がかからない ・はやさ

③ □に「速」を書きましょう。

□《そく》度《ど》。

□《はや》く走る。

3

① ゆびでなぞりましょう。

進

② 「進」を書きましょう。

11画	辶

読み方：シン／すすむ／すすめる

いみ：・前にむかっていく ・よくなる

③ □に「進」を書きましょう。

□《しん》行《こう》。

前に□《すす》む。

4

① ゆびでなぞりましょう。

遊

② 「遊」を書きましょう。

12画	辶

読み方：ユウ／（ユ）／あそぶ

いみ：・あそぶ ・自ゆうにうごき回る

③ □に「遊」を書きましょう。

□《ゆう》園《えん》地《ち》。

公園で□《あそ》ぶ。

5

① ゆびでなぞりましょう。

着（長く）

② 「着」を書きましょう。

12画	羊

読み方：チャク／（ジャク）／きる・きせる／つく・つける

いみ：・くっつく、とどく ・みにつける ・ふくを数えることば

③ □に「着」を書きましょう。

二《に》□《ちゃく》。

服《ふく》を□《き》る。

学校に★□《つ》く。

エプロンを★□《つ》ける。

6 ―のかん字の読みがなを書きましょう。（一つ4点）

① 前に進（　）む。

② ねこを追（　）う。

③ 服《ふく》を着（　）る。

④ 遊園（　）地《ち》に着（　）く。

⑤ 式《しき》が進行（　）する。

⑥ 二《に》着（　）になる。

⑦ ゲームで遊（　）ぶ。

⑧ 速度（　）が速（　）い。

⑨ 追加（か）の注文《ちゅうもん》。

7 □にかん字を、（　）におくりがなを書きましょう。（一つ4点）

① 一《いっ》□《ちゃく》でゴールする。

② パジャマを□《き》てねる。

③ 犬が□《お》いかける。

④ バスの□行《しんこう》方向《ほうこう》。

⑤ □園《ゆうえん》地《ち》に□《つ》く。

⑥ 友だちと□（ぶ）《あそぶ》。

⑦ □《そく》度《ど》が□（い）《はやい》。

⑧ ゆっくりと□（む）《すすむ》。

⑨ 注文《ちゅうもん》を□加《ついか》する。

42 都・部・終・級・緑

★は、読み書きをまちがえやすいかん字です。

月　日

名前

はじめ　時　分

おわり　時　分

かかった時間　分

とく点

（1〜5は全部書いて20点）

1

① ゆび でなぞりましょう。

都（はねる）

読み方	画数	部首
ト・ツ みやこ	11画	阝

いみ
・国の中心となっているところ
・大きな町

② 「都」を書きましょう。

都　阝

③ □に「都」を書きましょう。

□《と》市《し》。

□《と》会《かい》の生活。

★□《つ》合《ごう》がいい。

水の□《みやこ》。

2

① ゆび でなぞりましょう。

部

読み方	画数	部首
ブ ―	11画	阝

いみ
・いくつかに分けたものの一つ

② 「部」を書きましょう。

部　立

③ □に「部」を書きましょう。

□《ぶ》分《ぶん》。

全《ぜん》□《ぶ》。

3

① ゆび でなぞりましょう。

終

読み方	画数	部首
シュウ おわる おえる	11画	糸

いみ
・おわる
・おえる
・おわりまで

② 「終」を書きましょう。

終　糸

③ □に「終」を書きましょう。

□《しゅう》点《てん》。

夏が□《お》わる。

4

① ゆび でなぞりましょう。

級（おる）

読み方	画数	部首
キュウ ―	9画	糸

いみ
・ものごとのだんかい
・クラス

② 「級」を書きましょう。

級　糸

③ □に「級」を書きましょう。

学《がっ》□《きゅう》。

高《こう》□《きゅう》品《ひん》。

5

① ゆび でなぞりましょう。

緑（はねる）

読み方	画数	部首
リョク （ロク） みどり	14画	糸

いみ
・みどり色
・みどりの草木

② 「緑」を書きましょう。

緑　糸

③ □に「緑」を書きましょう。

新《しん》□《りょく》。

□《みどり》の葉《は》。

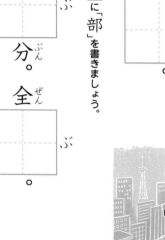

6 ——のかん字の読みがなを書きましょう。（一つ4点）

① はじめの部分。（　　）

② 新緑の山。（　　）

③ 都合が悪《わる》い。（　　）

④ 緑が多い都。（　　）（　　）

⑤ 学級会《かい》を開《ひら》く。（　　）

⑥ 終点に着《つ》く。（　　）

⑦ 未来《みらい》の都市。（　　）

⑧ 高級品《ひん》を買う。（　　）

⑨ 夏　冬　る。（　　）（　　）

7 □にかん字を、（　）におくりがなを書きましょう。（一つ4点）

① 新□《しんりょく》の美《うつく》しい山。

② 商業《しょうぎょう》□市《とし》。

③ 高□《こうきゅう》な料理《りょうり》。

④ 運動会《うんどうかい》が□（わる）《おわる》。

⑤ □合《つごう》のよい日。

⑥ □《みどり》が多い□《みやこ》。

⑦ 化石《かせき》の一《いち》□分《ぶぶん》。

⑧ 学□《がっきゅう》で決《き》める。

⑨ □点《しゅうてん》でおりる。

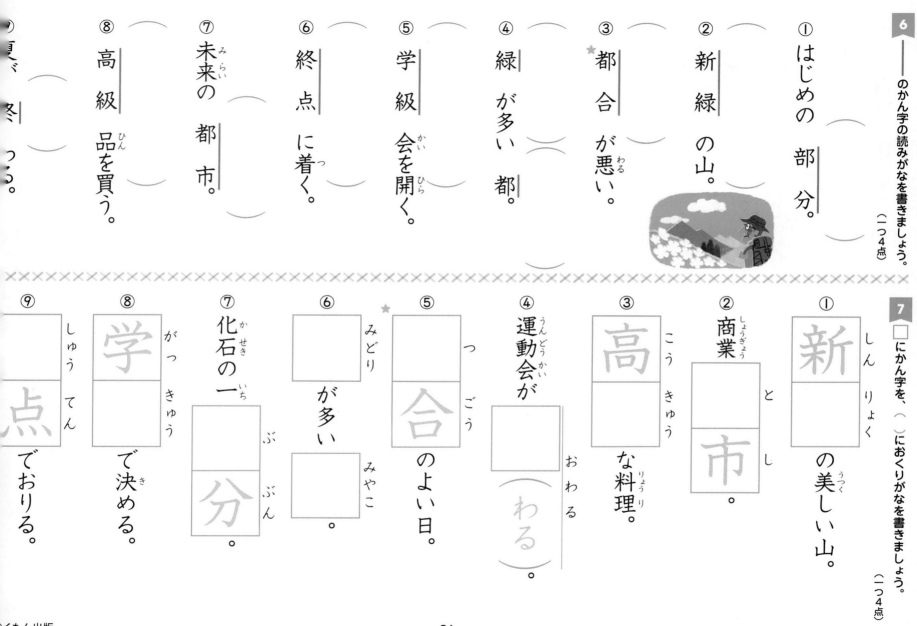

43 酒・配・農・業・駅

（1～5は全部書いて20点）

月　日

はじめ　時　分

おわり　時　分

かかった時間　分

とく点

名前

1

① ゆびでなぞりましょう。

② 「酒」を書きましょう。

10画	西
読み方	シュ さけ さか
いみ	・アルコールをふくんだのみもの

③ □に「酒」を書きましょう。

日本《にほん》□《しゅ》と洋《よう》□《しゅ》。

お□《さけ》のびん。

□《さか》屋《や》さんの店先。

2

① ゆびでなぞりましょう。

② 「配」を書きましょう。

10画	酉
読み方	ハイ くばる
いみ	・くばる ・ならべる

③ □に「配」を書きましょう。

心《しん》□《ぱい》。

用紙を□《くば》る。

3

① ゆびでなぞりましょう。

② 「農」を書きましょう。

13画	辰
読み方	ノウ ―
いみ	・田やはたけをたがやして作もつを作る

③ □に「農」を書きましょう。

□《のう》家《か》。

□《のう》業《ぎょう》。

4

① ゆびでなぞりましょう。

② 「業」を書きましょう。

13画	木
読み方	ギョウ ゴウ （わざ）
いみ	・しごとやつとめ

③ □に「業」を書きましょう。

作《さ》□《ぎょう》。

終《しゅう》□《ぎょう》式《しき》。

5

① ゆびでなぞりましょう。

② 「駅」を書きましょう。

14画	馬
読み方	エキ ―
いみ	・電車などが止まるところ

③ □に「駅」を書きましょう。

□《えき》前《まえ》。

□《えき》長《ちょう》。

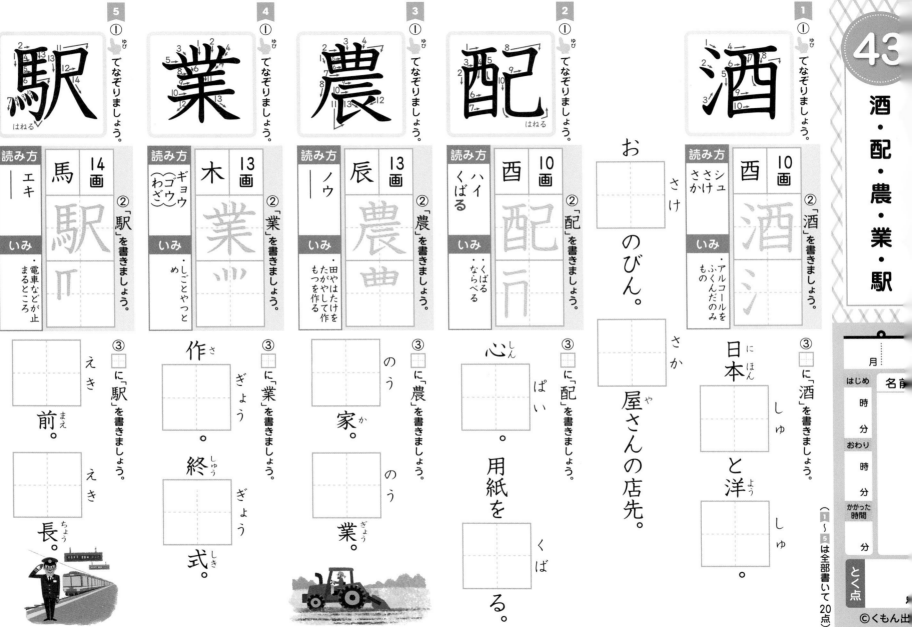

6 ――のかん字の読みがなを書きましょう。（一つ5点）

① 日本《にほん》酒（　　）で調理《ちょうり》する。

② 作業（　　）が終《お》わる。

③ 父がお酒（　　）を飲《の》む。

④ 心配（　　）をかける。

⑤ 新聞を配（　　）る。

⑥ 酒屋（　　）さんの店先。

⑦ 駅前（　　）の商店街《しょうてんがい》。

⑧ 農業（　　）に使《つか》うきかい。

7 □にかん字を、（　）におくりがなを書きましょう。（一つ5点）

① □□《のうぎょう》に使《つか》う道具《どうぐ》。

② □《さか》屋《や》さんで買う。

③ 両親《りょうしん》が心《しん》□《ぱい》する。

④ 作《さ》□《ぎょう》を始《はじ》める。

⑤ □《えき》前《まえ》の花屋《はなや》さん。

⑥ 日本《にほん》□《しゅ》のびん。

⑦ 父にお□《さけ》をつぐ。

⑧ プリントを□《くば》（る）。

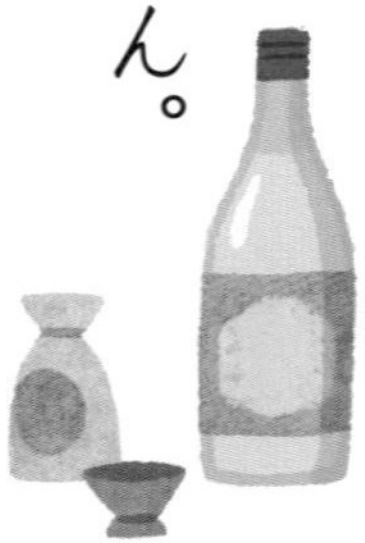

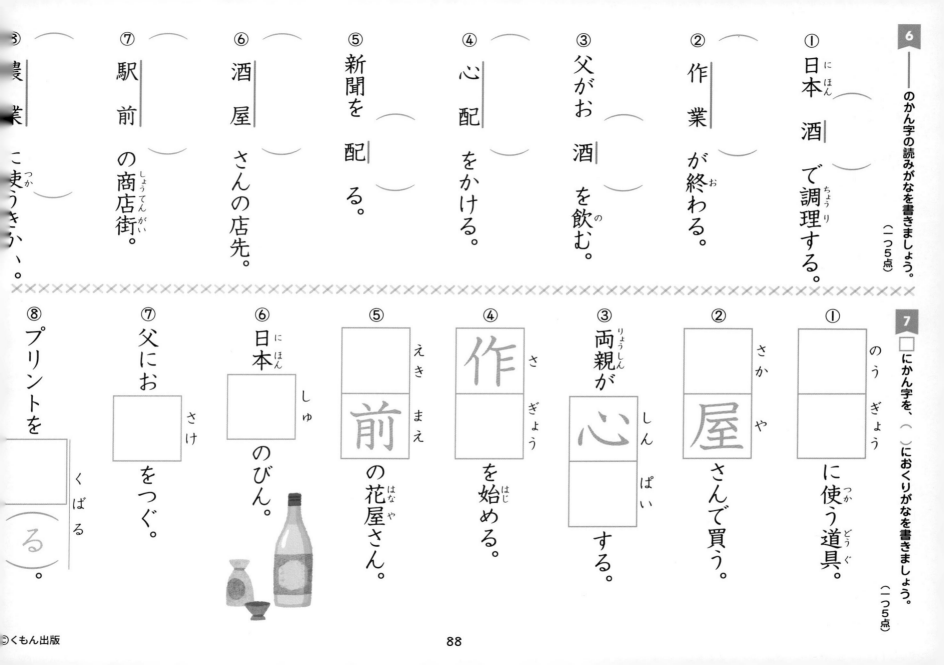

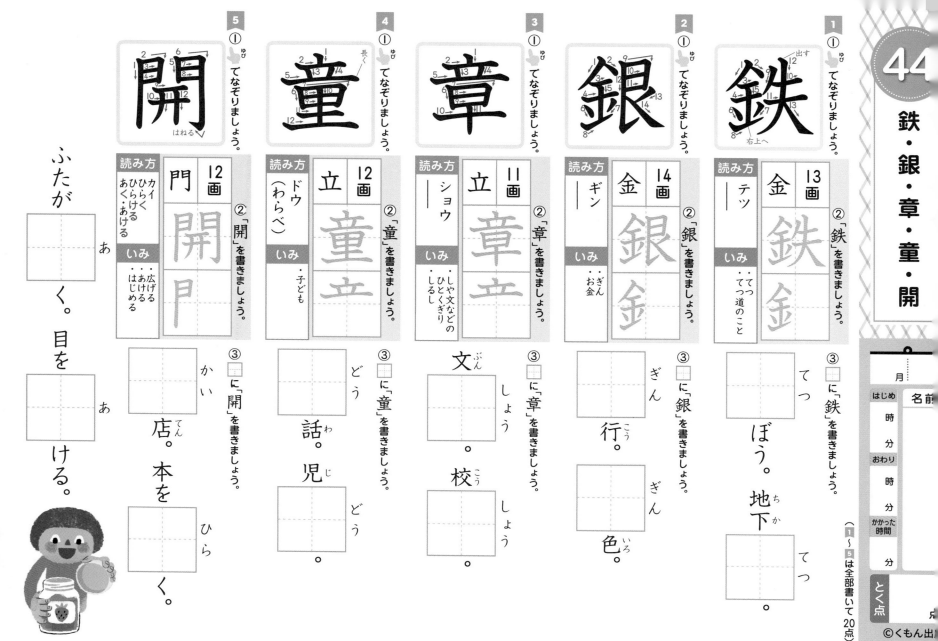

44 鉄・銀・章・童・開

月　日
名前
はじめ　時　分
おわり　時　分
かかった時間　分
とく点　点

（1～5は全部書いて20点）

1

① ゆびでなぞりましょう。

鉄（出す・右上へ）

13画	金

読み方：テツ
—

いみ：・てつ　・てつ道のこと

② 「鉄」を書きましょう。

③ □に「鉄」を書きましょう。

□《てつ》ぼう。

地下《ちか》□《てつ》。

2

① ゆびでなぞりましょう。

銀

14画	金

読み方：ギン
—

いみ：・ぎん　・お金

② 「銀」を書きましょう。

③ □に「銀」を書きましょう。

□《ぎん》行《こう》。

□《ぎん》色《いろ》。

3

① ゆびでなぞりましょう。

章

11画	立

読み方：ショウ
—

いみ：・しゃ文などのひとくぎり　・しるし

② 「章」を書きましょう。

③ □に「章」を書きましょう。

文《ぶん》□《しょう》。

校《こう》□《しょう》。

4

① ゆびでなぞりましょう。

童（長く）

12画	立

読み方：ドウ
（わらべ）

いみ：・子ども

② 「童」を書きましょう。

③ □に「童」を書きましょう。

□《どう》話《わ》。

児《じ》□《どう》。

5

① ゆびでなぞりましょう。

開（はねる）

12画	門

読み方：カイ
ひらく
ひらける
あく・あける

いみ：・広げる　・あける　・はじめる

② 「開」を書きましょう。

③ □に「開」を書きましょう。

□《かい》店《てん》。

本を□《ひら》く。

ふたが□《あ》く。

目を□《あ》ける。

6 ――のかん字の読みがなを書きましょう。（一つ5点）

① 教科書を開（　）く。

② 箱《はこ》のふたを開（　）ける。

③ 校庭《こうてい》の鉄（　）ぼう。

④ 文章（　）を書く。

⑤ 十時に開店（　）する。

⑥ 童話（　）を読む。

⑦ 銀色（　）のメダル。

⑧ ドアのかぎが開（　）く。

7 □にかん字を、（　）におくりがなを書きましょう。（一つ5点）

① □《ぎん》色《いろ》のコイン。

② 文《ぶん》□《しょう》を読む。

③ □《てつ》ぼうで前回りをする。

④ 新しく□《かい》店《てん》する。

⑤ さくらの花が□（く）《ひらく》。

⑥ まどを□（ける）《あける》。

⑦ ふたが□《あ》く。

⑧ おもしろい□《どう》話《わ》。

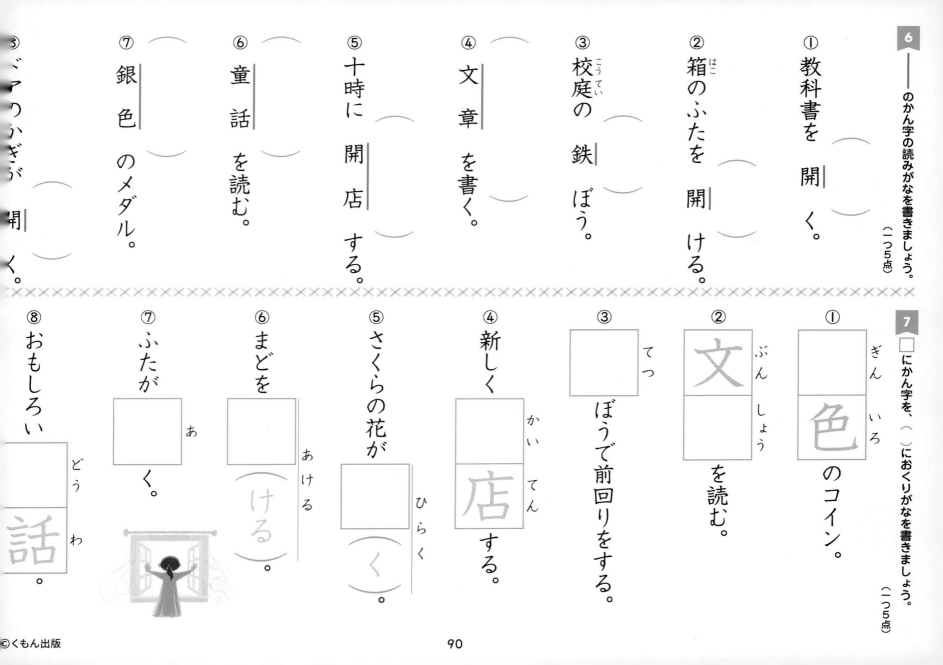

45 かくにんドリル⑪

★は、読み書きをまちがえやすいかん字です。

月	日
はじめ	時 分
おわり	時 分
かかった時間	分
名前	
とく点	点

1 ――のかん字の読みがなを書きましょう。（一つ2点）

① 細かい作業。

② 童話を読む。

③ 速度を落《お》とす。

④ 犬を追いかける。

⑤ 心配になる。

⑥ 鉄ぼうで遊《あそ》ぶ。

2 ――のかん字の読みがなを書きましょう。（一つ4点）

①
都会に住《す》む。
花の都パリ。

②
日《に》本《ほん》酒のびん。
父が酒を飲《の》む。

③
山の新緑。
緑のゆたかな土地。

④
三《さん》着でゴールする。
学校に★着く。

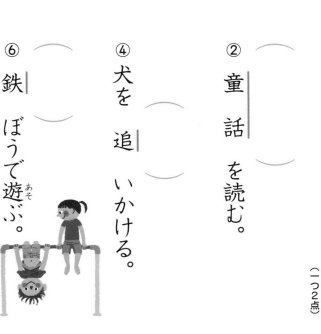

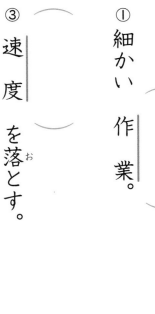

3 □にかん字を書きましょう。（一つ4点）

① □□《のうぎょう》に使《つか》う道具《どうぐ》。

② □□《がっきゅう》文庫《ぶんこ》。

③ 注文《ちゅうもん》を□《つい》加《か》する。

④ □□《ぎんいろ》のメダル。

⑤ □□《えきまえ》の店。

⑥ □□《つごう》が悪《わる》い。

⑦ □□《ぶんしょう》を書く。

⑧ 全体《ぜんたい》と□□《ぶぶん》。

4 ――のことばをかん字とおくりがなで書きましょう。（一つ4点）

① 球《たま》がはやい。 □

② 用紙をくばる。 □

③ 本をひらく。 □

④ サッカーをしてあそぶ。 □

⑤ 一歩前にすすむ。 □

⑥ 長い休みがおわる。 □

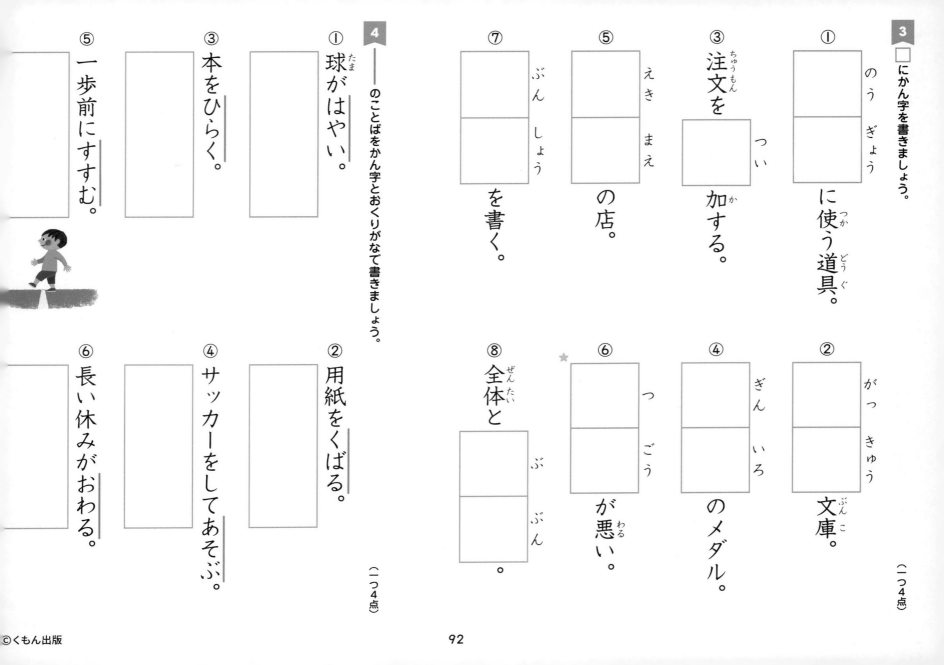

46 重・乗・族・旅・球

★は、読み書きをまちがえやすいかん字です。

月　日

はじめ　時　分

おわり　時　分

かかった時間　分

名前

とく点　点

（1～5は全部書いて28点）

1

①ゆびでなぞりましょう。

重（長く）

②「重」を書きましょう。

9画	里

読み方：ジュウ・チョウ・え・おもい・かさねる・かさなる

いみ：・目方が多い　・ひどい・だいじ　・かさねる

③□に「重」を書きましょう。

体《たい》□《じゅう》。

き□《ちょう》品《ひん》。

八《や》□《え》ざくら。

□《おも》い石。

皿《さら》を□《かさ》ねる。

2

①ゆびでなぞりましょう。

乗（長く）

②「乗」を書きましょう。

9画	ノ

読み方：ジョウ・のる・のせる

いみ：・のりものの中に入る　・のる

★③□に「乗」を書きましょう。

□《じょう》車《しゃ》。

列《れっ》車《しゃ》に□《の》る。

3

①ゆびでなぞりましょう。

族

②「族」を書きましょう。

11画	方

読み方：ゾク・―

いみ：・ちのつながりのあるなかま　・みうち

③□に「族」を書きましょう。

家《か》□《ぞく》。

水《すい》□《ぞく》館《かん》。

4

①ゆびでなぞりましょう。

旅（とめる）

②「旅」を書きましょう。

10画	方

読み方：リョ・たび

いみ：・よその土地へ行くこと

★③□に「旅」を書きましょう。

□《りょ》行《こう》。

□《たび》人《びと》。

5

①ゆびでなぞりましょう。

球（はねる）

②「球」を書きましょう。

11画	王

読み方：キュウ・たま

いみ：・まるいもの　・ボール

③□に「球」を書きましょう。

野《や》□《きゅう》。

□《たま》を投《な》げる。

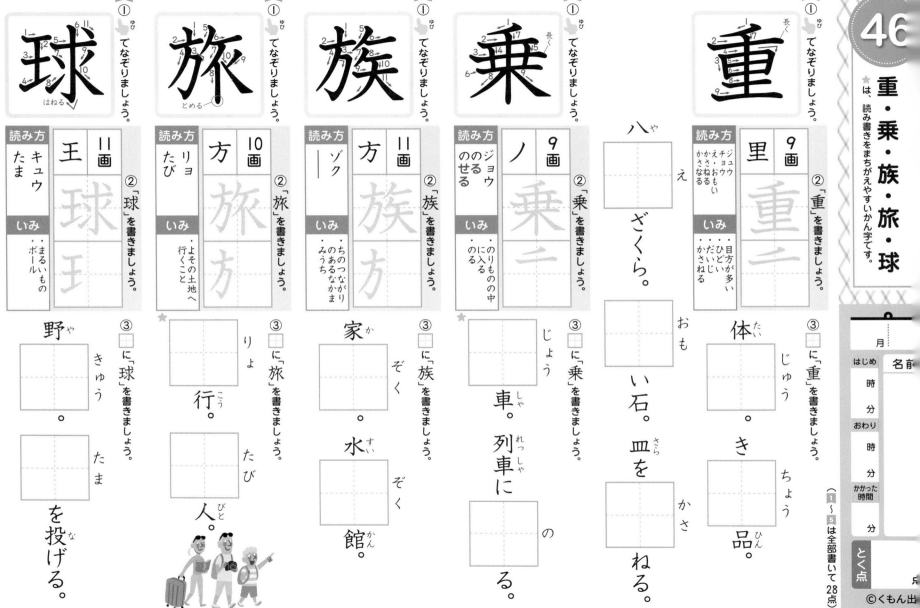

6 ――のかん字の読みがなを書きましょう。（一つ3点）

① 電車に乗る。（　）

② 重い箱《はこ》を重ねる。（　）（　）

③ わかい旅人。（　）

④ 八《や》重ざくらの名所《めいしょ》。（　）

⑤ 体重をはかる。（　）

⑥ 野球で使《つか》う球。（　）（　）

⑦ じゅんに★乗車する。（　）

⑧ 家族の★旅行。（　）（　）

⑨ き重品《ひん》をしまう。（　）

7 □にかん字を、（　）におくりがなを書きましょう。（一つ3点）

① □《おもい》（い）かばん。

② □《たび》人《びと》が★□《じょう》車《しゃ》する。

③ 自動車《じどうしゃ》に□《の》る。

④ 体《たい》□《じゅう》がふえる。

⑤ 美《うつく》しい八《や》□《え》ざくら。

⑥ 家《か》□《ぞく》で★□《りょ》行《こう》する。

⑦ 手と手を□《かさねる》（ねる）。

⑧ 野《や》□《きゅう》用《よう》の□《たま》。

⑨ き□《ちょう》な写真《しゃしん》。

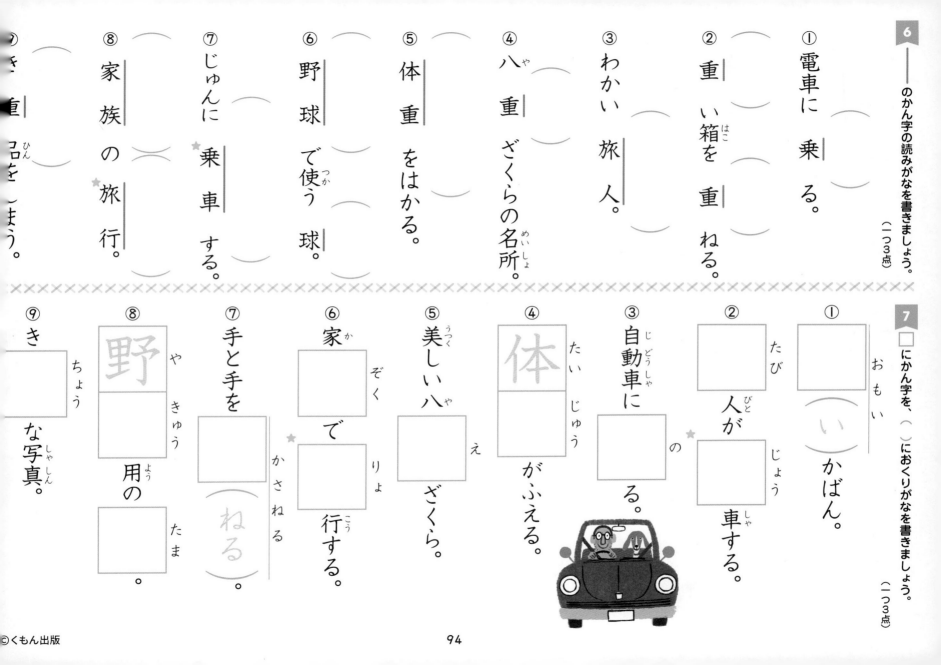

47 発・登・詩・調・路

★は、読み書きをまちがえやすいかん字です。

月	日
名前	
はじめ	時　分
おわり	時　分
かかった時間	分
とく点	点

（1～5は全部書いて28点）

1

① ゆびでなぞりましょう。

発（はねる）

読み方	部首	画数
ハツ（ホッ） —	癶	9画

いみ：・はなつ　・外に出る　・明らかになる

② 「発」を書きましょう。

③ □に「発」を書きましょう。

はっ□表《ぴょう》。出《しゅっ》ぱっ□。

2

① ゆびでなぞりましょう。

登（長く）

読み方	部首	画数
トウ ト のぼる	癶	12画

いみ：・高いところに上がる　・出かける

② 「登」を書きましょう。

③ □に「登」を書きましょう。

とう□場人物《じょうじんぶつ》。とう□校《こう》する。

と□山《ざん》。家族《かぞく》で山にのぼ□る。

3

① ゆびでなぞりましょう。

詩（はねる）

読み方	部首	画数
シ —	言	13画

いみ：・心にかんじたことをリズムをもつことばであらわしたもの

② 「詩」を書きましょう。

③ □に「詩」を書きましょう。

し□を味《あじ》わう。作《さく》し□。

4

① ゆびでなぞりましょう。

調（はねる）

読み方	部首	画数
チョウ しらべる （ととのう） （ととのえる）	言	15画

いみ：・ととのえる　・そろえる　・しらべる　・ぐあい

② 「調」を書きましょう。

③ □に「調」を書きましょう。

★ちょう□子《し》。意味《いみ》をしら□べる。

5

① ゆびでなぞりましょう。

路（右上へ）

読み方	部首	画数
ロ じ	足	13画

いみ：・みち　・すじみち

② 「路」を書きましょう。

③ □に「路」を書きましょう。

道《どう》ろ□。旅《たび》じ□につく。

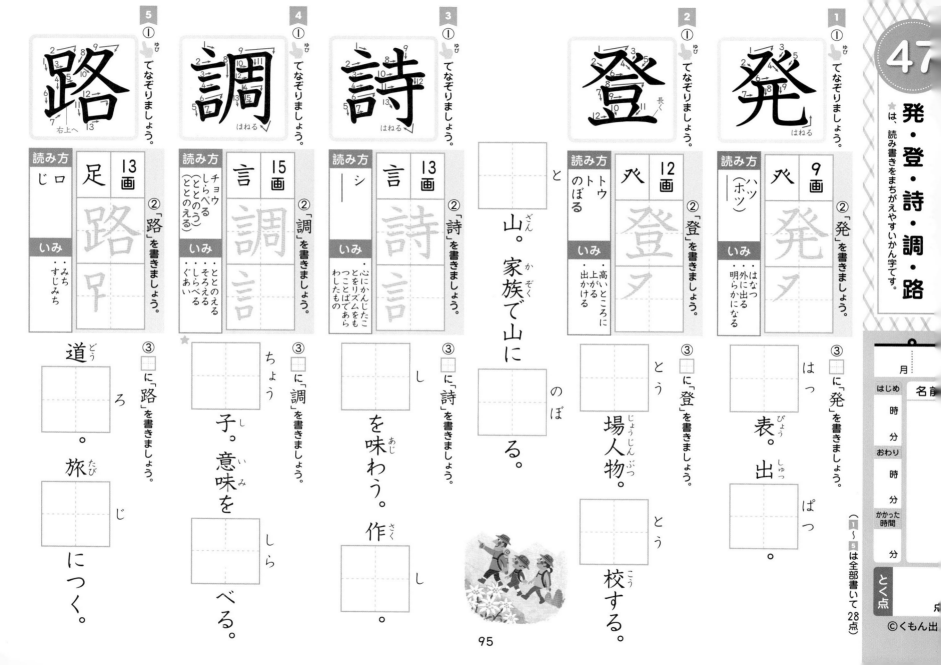

6 ——のかん字の読みがなを書きましょう。（一つ4点）

① 本で調べる。（　）

② 山に登る。（　）

③ 登場人物《じんぶつ》。（　）

④ ピアノの発表会《かい》。（　）

⑤ せまい道路。（　）

⑥ 詩のろう読を聞く。（　）

⑦ 家族《かぞく》で登山する。（　）

⑧ 旅路を終《お》える。（　）

⑨ 調子[illegible]う。（　）

7 □にかん字を、（　）におくりがなを書きましょう。（一つ4点）

① □をろう読する。（し）

② 夏、□山に行く。（とざん）

③ 感想《かんそう》を□表する。（はっぴょう）

④ 主役《しゅやく》が□場する。（とうじょう）

⑤ 長い旅□につく。（たびじ）

⑥ ★体の□子がいい。（ちょうし）

⑦ 近くの山に□（る）。（のぼる）

⑧ 問題点《もんだいてん》を□（べる）。（しらべる）

⑨ 駅前《えきまえ》の広い道□。（どうろ）

48 根・植・様・横・橋

★は、読み書きをまちがえやすいかん字です。

月　日

はじめ	おわり	かかった時間
時　分	時　分	分

名前

とく点

（1～5は全部書いて12点）

1

① ゆび でなぞりましょう。

根

② 「根」を書きましょう。

10画	木
読み方	コン　ね
いみ	・草木のね　・つづく気力

根　木

③ □に「根」を書きましょう。

大《だい》□《こん》。家の屋《や》□《ね》。

2

① ゆび でなぞりましょう。

植

おる

② 「植」を書きましょう。

12画	木
読み方	ショク　うえる　うわる
いみ	・草木をうえる　・草や木

植　木

③ □に「植」を書きましょう。

□《しょく》物《ぶつ》。木を□《う》える。

3

① ゆび でなぞりましょう。

様

はねる

② 「様」を書きましょう。

14画	木
読み方	ヨウ　さま
いみ	・ありさま　・人の名前の後につけることば

様　木

③ □に「様」を書きましょう。

中の□《よう》子《す》。王《おう》□《さま》。

4

① ゆび でなぞりましょう。

横

とめる

② 「横」を書きましょう。

15画	木
読み方	オウ　よこ
いみ	・左右の方こう　・左右の長さ

横　木

③ □に「横」を書きましょう。

□《おう》だん歩《ほ》道《どう》。□《よこ》顔《がお》。

5

① ゆび でなぞりましょう。

橋

はねる

② 「橋」を書きましょう。

16画	木
読み方	キョウ　はし
いみ	・はし

橋　木

③ □に「橋」を書きましょう。

歩《ほ》道《どう》★□《きょう》。鉄《てっ》★□《きょう》。

□《はし》の下を流《なが》れる川。つり□《ばし》。

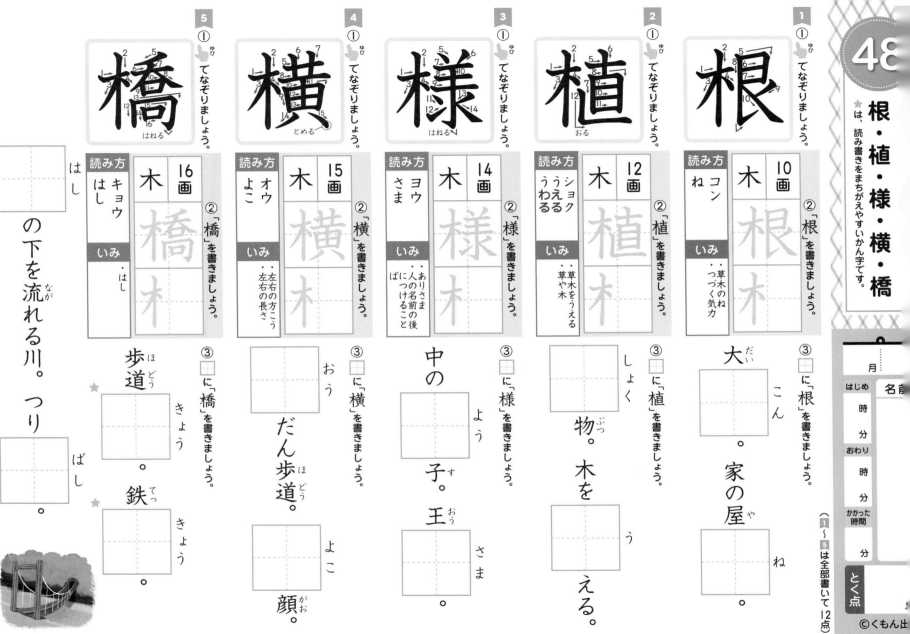

6 ――のかん字の読みがなを書きましょう。（一つ4点）

① なえ木を植える。

② 植物の様子。

③ 赤い屋根の家。

④ ★鉄橋をかける。

⑤ 長い橋をわたる。

⑥ 横だん歩道。

⑦ 大根を育《そだ》てる。

⑧ 王様の横顔。

⑨ 歩道橋をわたる。

7 □にかん字を、（　）におくりがなを書きましょう。（一つ4点）

① 山に木を□《うえる》（える）。

② 駅前《えきまえ》の★歩道□《ほどうきょう》。

③ 王《おう》□《さま》の□《よこ》顔《がお》。

④ 大□《だいこん》のみそしる。

⑤ 屋□《やね》のしゅう理。

⑥ □《しょく》物《ぶつ》の□《よう》子《す》。

⑦ □《はし》をかける。

⑧ 道を□《おう》だんする。

⑨ 電車が鉄□《てっきょう》を通る。

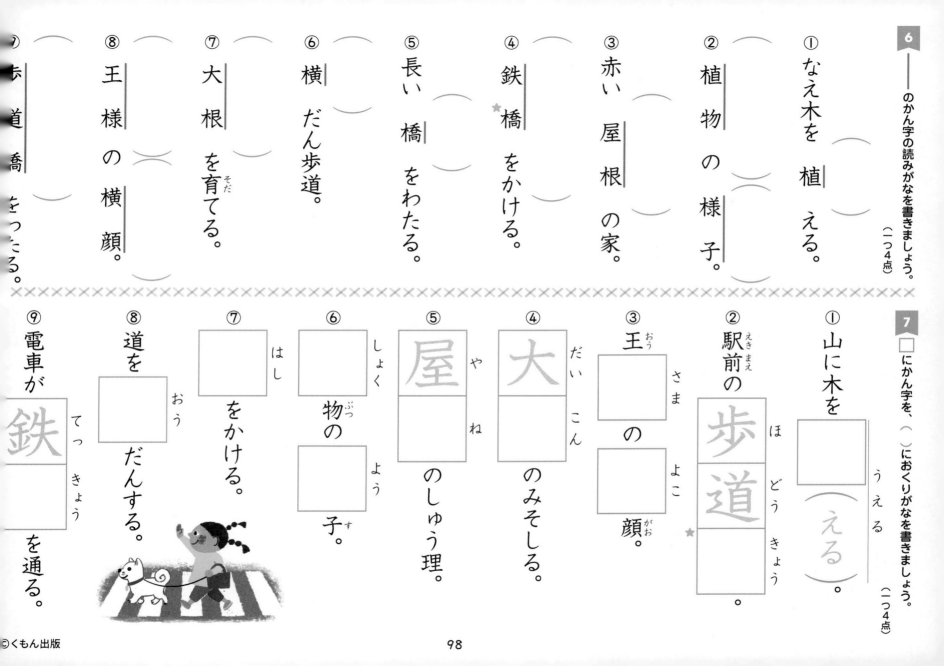

49

階・陽・飲・館・歯・鼻

1

① ゆびでなぞりましょう。

階

② 「階」を書きましょう。

階	12画
部首	阝

読み方：カイ ―

いみ：・のぼりおりするためのだん。・たてものの上下のかさなり。

③ □に「階」を書きましょう。

二《に》□《かい》建《だ》て。

□《かい》だん。

2

① ゆびでなぞりましょう。

陽

② 「陽」を書きましょう。

陽	12画
部首	阝

読み方：ヨウ ―

いみ：・たいよう。・外にあらわれる。

③ □に「陽」を書きましょう。

太《たい》□《よう》。

□《よう》気《き》な人。

3

① ゆびでなぞりましょう。

飲

② 「飲」を書きましょう。

飲	12画
部首	食

読み方：イン のむ

いみ：・えき体を口から体の中に入れる。

③ □に「飲」を書きましょう。

□《いん》食《しょく》。

水を□《の》む。

4

① ゆびでなぞりましょう。

館

② 「館」を書きましょう。

館	16画
部首	食

読み方：カン やかた

いみ：・大きなたてもの。・やどや。

③ □に「館」を書きましょう。

旅《りょ》□《かん》。

古い□《やかた》。

5

① ゆびでなぞりましょう。

歯

② 「歯」を書きましょう。

歯	12画
部首	歯

読み方：シ は

いみ：・は。・はのようなもの。

③ □に「歯」を書きましょう。

□《し》科《か》医《い》。

きれいな□《は》。

6

① ゆびでなぞりましょう。

鼻

② 「鼻」を書きましょう。

鼻	14画
部首	鼻

読み方：(ビ) はな

いみ：・はな。

③ □に「鼻」を書きましょう。

□《はな》歌《うた》。

□《はな》をかむ。

（1〜6は全部書いて28点）

月　日

はじめ　時　分

おわり　時　分

かかった時間　分

名前

とく点　点

7 ―のかん字の読みがなを書きましょう。（一つ4点）

① 歯をみがく。

② 旅館にとまる。

③ 飲食コーナー。

④ 歯科医の先生。

⑤ 五《ご》階建《だ》ての館。

⑥ 鼻歌が聞こえる。

⑦ 太陽がてる。

⑧ 水を飲む。

8 □にかん字を書きましょう。（一つ4点）

① まぶしい太《たい》□《よう》。

② 古い□《やかた》の二《に》□《かい》。

③ □《し》科《か》医《い》の父。

④ 母が□《はな》歌《うた》を歌う。

⑤ 毎日、□《は》をみがく。

⑥ ジュースを□《の》む。

⑦ 父と□《いん》食《しょく》店《てん》に入る。

⑧ 温《おん》せんがある旅《りょ》□《かん》。

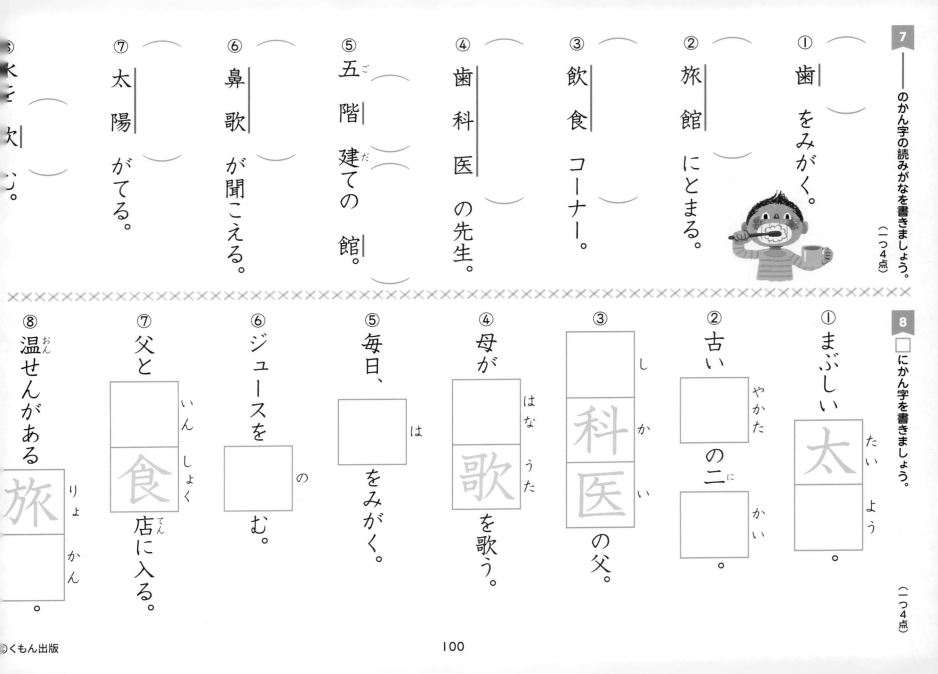

50 かくにんドリル⑫

★は、読み書きをまちがえやすいかん字です。

月　日

はじめ　時　分

おわり　時　分

かかった時間　分

名前

とく点　点

1 ――のかん字の読みがなを書きましょう。（一つ2点）

① 古い館の屋根。

② 鼻歌を歌う。

③ ぶ台《たい》に登場する。

④ バスに★乗車する。

⑤ 町の様子。

⑥ 駅《えき》前《まえ》の歩道★橋。

2 ――のかん字の読みがなを書きましょう。（一つ2点）

①
道を横だんする。
横顔を見る。

②
広い道路。
旅路につく。

③
★旅行に出かける。
旅をつづける。

④
野球のチーム。
球を拾《ひろ》う。

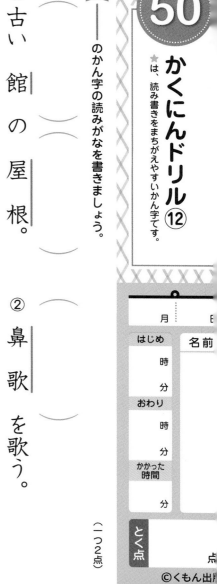

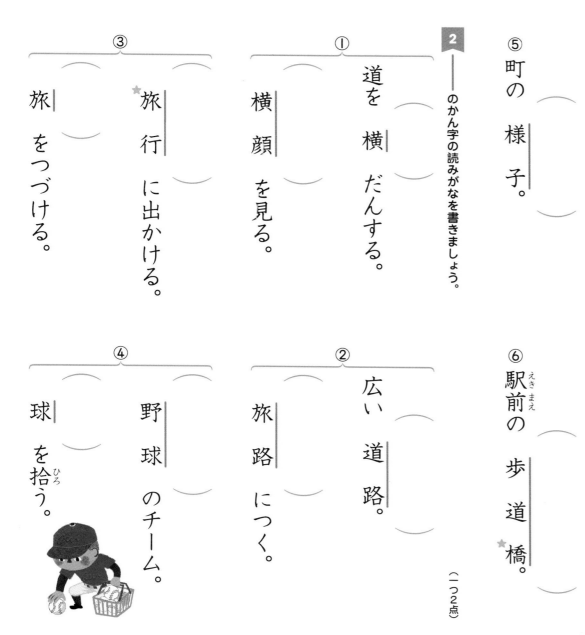

3 □にかん字を書きましょう。 （一つ5点）

① 有名《ゆうめい》な□《し》を読む。

② 二《に》□《かい》建《だ》ての校しゃ。

③ ジュースを□《の》む。

④ □□《かぞく》で外出する。

⑤ □《は》ブラシを使《つか》う。

⑥ 電車に□《の》る。

⑦ 考えを□□《はっぴょう》する。

⑧ □□《だいこん》の葉《は》。

⑨ □□《たいよう》がまぶしい。

⑩ ★ □□《りょかん》にとまる。

4 ——のことばをかん字とおくりがなで書きましょう。 （一つ5点）

① 花の名前を<u>しらべる</u>。

② 来週、山に<u>のぼる</u>。

③ 庭《にわ》に球根《きゅうこん》を<u>うえる</u>。

④ 皿《さら》を<u>かさねる</u>。

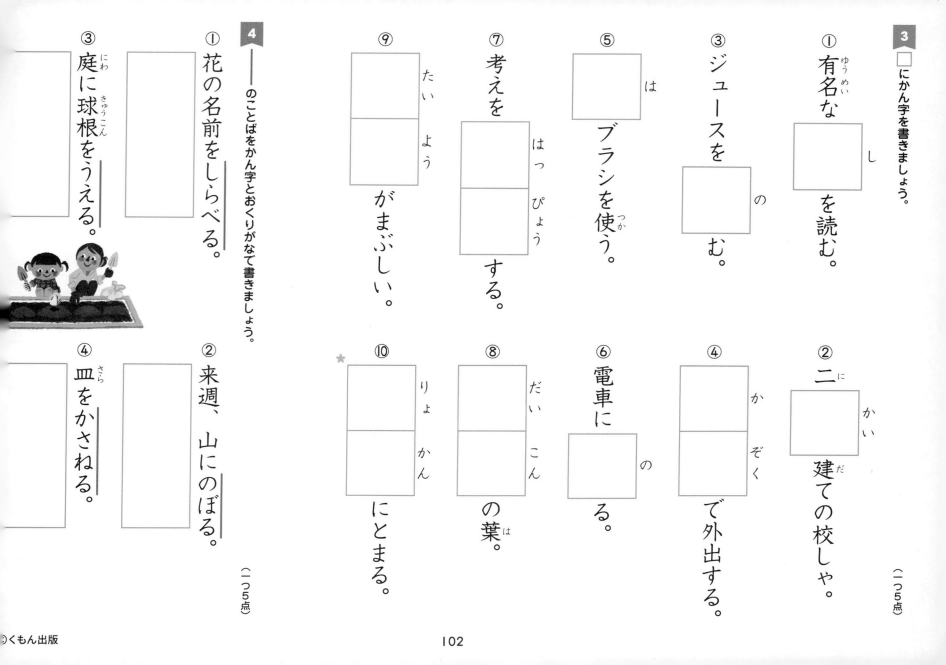

51 3年生のしんだんテスト①

★は、読み書きをまちがえやすいかん字です。

月　日

はじめ　時　分

おわり　時　分

かかった時間　分

名前

とく点　点

1 ――のかん字の読みがなを書きましょう。（一つ3点）

① 坂道を石が転《ころ》がる。

② 古い★宮でん。

③ 表とうら。

④ 明日《あす》の★都合。

⑤ 鉄★板やき。

⑥ 安い品物《しなもの》。

⑦ 幸福になる。

⑧ ★乗車する。

2 ――のかん字の読みがなを書きましょう。（一つ2点）

①
じゃんけんで勝つ。
じゃんけんの勝負。

②
川にかかる橋。
駅前《えきまえ》の歩道★橋。

③
きかいの仕組み。
王に★仕える。

④
作せんを練る。
サッカーの練習。

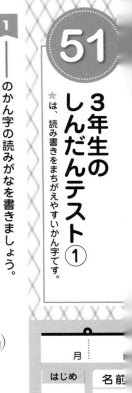

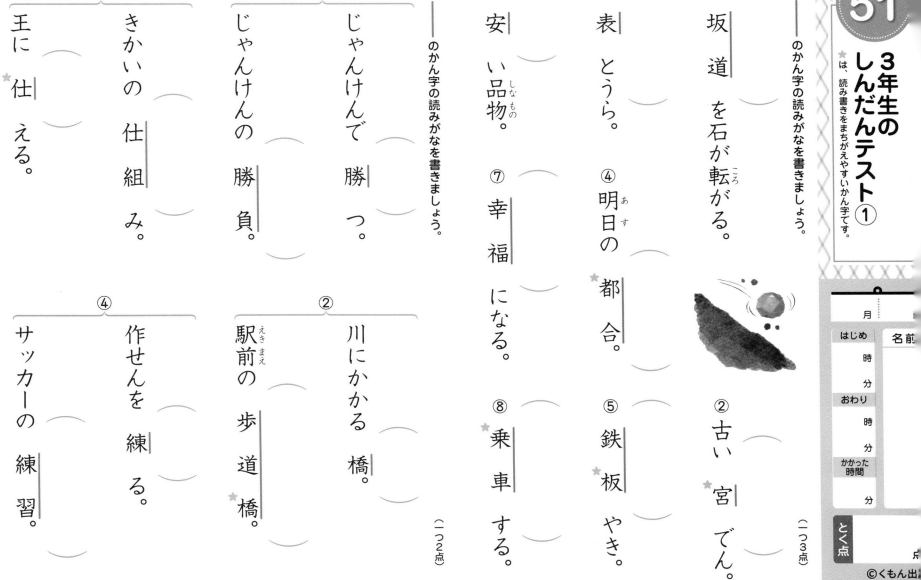

3 □にかん字を書きましょう。（一つ4点）

① □□《きゅうしゅう》地方の天気。

② □□□《ゆうえんち》。

③ 海外□□《りょこう》。★

④ □□《しんりょく》のきせつ。

⑤ 電話□□《ばんごう》。

⑥ げきの□□《かんそう》を言う。

⑦ 体の□□《ちょうし》。★

⑧ □□《うんめい》。★

⑨ お□《れい》を言う。

4 □の読み方をするかん字を□に書きましょう。（一つ3点）

① シン
- 記ねん写《しゃ》□。
- 入場行《こう》□。

② はや（い）
- 馬は足が□い。
- 朝が□い。

③ キュウ
- 野《や》□ぼう。
- 高《こう》□品《ひん》。

④ トウ
- □手《しゅ》がかわる。
- 伊《い》豆《ず》半《はん》□。

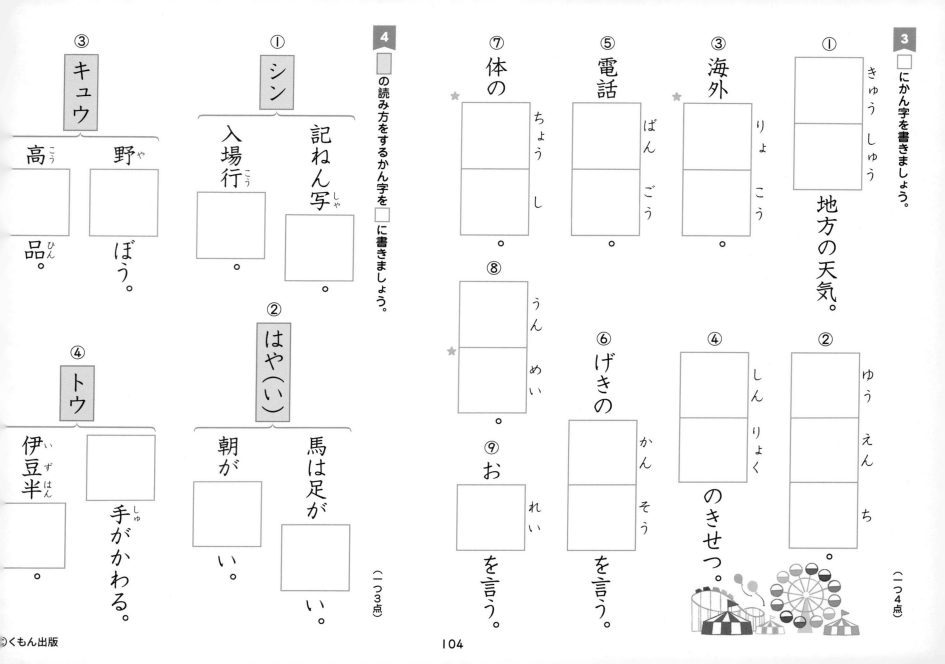

52 3年生のしんだんテスト②

★は、読み書きをまちがえやすいかん字です。

月　日

はじめ　時　分

おわり　時　分

かかった時間　分

名前

とく点　点

1 ――のかん字の読みがなを書きましょう。（一つ3点）

① ★屋上に出る。

② 言葉《ことば》の意味。

③ 鳥を育てる。

④ 習いごとを始める。

⑤ ★等しい形。

⑥ 新学期を待つ。

2 ――のかん字の読みがなを書きましょう。（一つ2点）

①
天気が悪い日。
★悪人がつかまる。

②
平らな場所《ばしょ》。
平等に分ける。

③
登場人物《じんぶつ》。
山に登る。

④
木の実《み》が落ちる。
だん★落ごとに読む。

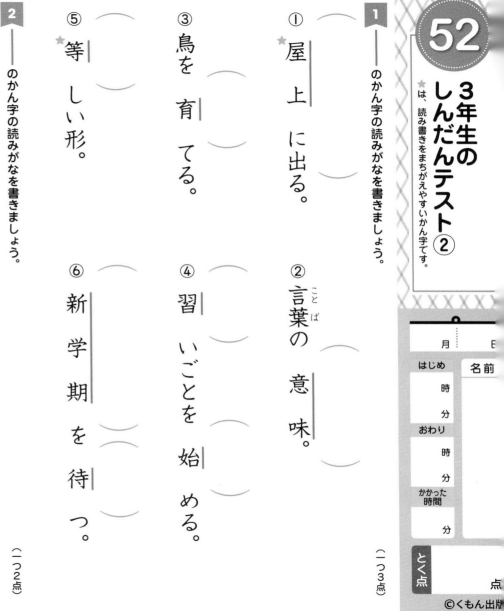

3 □にかん字を書きましょう。（一つ4点）

① 冬の□《さむ》い日。

② □□《つごう》が悪《わる》い。

③ □□《あいつ》ぐ問《もん》題《だい》。

④ □□《てっぱん》にのせる。

⑤ □□《おうきゅう》に住《す》む人に□《つか》える。

⑥ □《みじか》い話。

⑦ 電車が駅《えき》に□《つ》く。

⑧ バスに□□《じょうしゃ》する。

4 □の読み方をするかん字を□に書きましょう。（一つ3点）

① はな(す)
大声で□す。
川に魚を□す。

② イ
内科の□者《しゃ》。
ほけん□員《いん》。

③ ラク
ノートの□書《が》き。
気が□になる。

④ もの
食《た》べ□。
人《にん》気《き》□。

答え

- （　）は、べつの答えです。
- 〈　〉は、まだ学しゅうしていないかん字です。
- かん字ひょうのページの1～5（1～6）は、答えをはぶいています。
- 3年生までにならわないかん字や読み方は、答えとしてあつかっていません。

1 丁・区・県・央・州・両　3・4ページ

7 ①く　②く　③りょうしん
④けん・ちゅうおう　⑤ちょう
⑥けんりつ　⑦きゅうしゅう・ほんしゅう
⑧りょうて

8 ①九州・県　②州・央　③両手　④区
⑤区　⑥両親　⑦丁　⑧県立

2 化・去・式・具・身　5・6ページ

6 ①かせき　②さ　③み　④どうぐ
⑤しき　⑥きょねん　⑦〈か〉こ　⑧ば
⑨しんちょう

7 ①道具　②身　③身長　④去年　⑤去
⑥化ける　⑦化石　⑧式　⑨〈過〉去

3 反・対・予・定・決　7・8ページ

6 ①よ〈しゅう〉　②じょう〈ぎ〉
③けってい　④き　⑤よてい
⑥はんたい　⑦そ　⑧さだ

7 ①定〈規〉　②定める　③予定　④反らす
⑤反対　⑥予〈習〉　⑦決定　⑧決める

4 かくにんドリル①　9・10ページ

1 ①けん　②どうぐ　③しき　④けってい
⑤はんたい　⑥ちゅうおう

2 ①ば／かせき　②きょねん／こ
③よてい／じょう　④み／しんちょう

3 ①式　②九州　③去　④予定　⑤決定
⑥丁　⑦区　⑧両親　⑨去年　⑩道具

②定まる　③決める
④反らす

5 安・全・次・死・始　11・12ページ

6 ①〈かい〉し　②すべ・やす　③し
④つ　⑤つぎ・はじ　⑥まった
⑦じかい　⑧あんぜん　⑨し

7 ①全て・安い　②全く　③次回　④死
⑤次・始　⑥次　⑦始める　⑧安全
⑨死

6 写・真・豆・短・秒　13・14ページ

6 ①とう　②うつ　③たん　④まめ　⑤ま
⑥しゃしん　⑦みじか　⑧びょう
⑨だいず

7 ①短い　②豆　③写す　④豆　⑤真
⑥短　⑦写真　⑧大豆　⑨秒

7 世・界・仕・事・期　15・16ページ

6 ①しく　②せかい　③じ・しごと　④よ
⑤きかん　⑥つか　⑦せい〈き〉　⑧じき

7 ①世〈紀〉　②仕える　③事・仕事
④期間　⑤世　⑥仕組　⑦時期　⑧世界

8 かくにんドリル②　17・18ページ

1 ①しゃしん　②ま　③だいじ
④あんぜん　⑤たん　⑥びょう

2 ①つ／じかい　②とう／まめ
③せい／よ　④し／はじ

3 ①世界　②次　③死　④大豆　⑤期間
⑥安全　⑦死　⑧仕事

4 ①全て　②短い　③全く　④仕える
⑤写す　⑥安い

ポイント

4 ②の「短《みじか》い」、③の「全《まった》く」の送りがなに注意《ちゅうい》しておぼえましょう。

9 医・者・病・院・研・究　19・20ページ

7 ①いしゃ　②びょうき　③やまい
④きゅうめい　⑤びょういん
⑥けんきゅう　⑦いいん　⑧もの

8 ①病気　②医者　③者　④病　⑤研究
⑥医院　⑦究明　⑧病院

10 代・他・使・倍・係　21・22ページ

6 ①か　②しよう　③〈かん〉けい
④ほか(た)・ばい　⑤たにん
⑥よ・つか　⑦じだい
⑧かかり・こうたい

7 ①他人　②時代　③係・交代
④代・使う　⑤〈関〉係　⑥他・倍
⑦代わり　⑧使用

11 平・和・昭・有・育　23・24ページ

6 ①あ　②へいわ　③ゆうめい　④たい
⑤そだ　⑥しょうわ
⑦びょう〈どう〉・はぐく　⑧たいいく
⑨ひら

7 ①有名　②有　③昭和　④平　⑤育つ
⑥体育　⑦平ら　⑧平和　⑨平〈等〉・育

12 かくにんドリル③　25・26ページ

1 ①たいいく　②ひら　③じだい
④へいわ　⑤しよう　⑥たにん

2 ①{にんきもの／いしゃ}　②{こうたい／ちよがみ}
③{ゆうめい／あ}　④{びょういん／やまい}

3 ①係　②研究　③倍　④他　⑤育　⑥平
⑦昭和　⑧時代　⑨係　⑩平和

4 ①育てる　②代わり　③使う　④平ら

13 放・送・委・員・洋・服　27・28ページ

7 ①いいん　②おく　③はな
④ようふく・ほう　⑤たいへいよう
⑥ゆだ　⑦ふく　⑧ほうそう

8 ①服　②放す　③放送　④洋服・放
⑤委員　⑥送る　⑦太平洋　⑧委ねる

14 打・拾・指・投・役　29・30ページ

6 ①ひろ　②だ〈きゅう〉　③う　④さ
⑤やく　⑥おやゆび　⑦な
⑧とうしゅ・やく　⑨しめい

7 ①指　②親指　③拾う　④打　⑤投げる
⑥役　⑦指名　⑧投手・役　⑨打〈球〉

15 荷・物・商・品・集　31・32ページ

6 ①あつ　②しなもの　③にもつ
④しょうてん　⑤しゅうごう
⑥しょうひん　⑦ものがたり
⑧じんぶつ

7 ①品物　②集まる　③物語　④集合
⑤人物　⑥荷物　⑦商店　⑧商品

16 かくにんドリル④　33・34ページ

1 ①にもつ　②じんぶつ　③しゅうごう
④ぜんいん　⑤ようふく　⑥ゆだ

2 ①{はな／ほうそう}　②{しなもの／しょうひん}
③{しめい／さ}　④{う／だ}

3 ①放　②投手　③親指　④荷物　⑤物語
⑥役　⑦商品　⑧委員　⑨太平洋　⑩打

4 ①投げる　②送る　③集まる　④拾う

17 急・息・悪・悲・相・談　35・36ページ

7 ①ひめい　②きゅうそく　③わる
④かな　⑤いき　⑥あくにん
⑦きゅうこう　⑧そうだん・あいて
⑨いそ

8 ①急行　②休息　③悪い　④悲しい
⑤急ぐ　⑥相談・相　⑦息　⑧悪人
⑨悲鳴

18 意・味・感・想・局　37・38ページ

6 ①あじ　②いみ　③よそう　④かんそう
⑤あじ　⑥ほうそうきょく　⑦かん
⑧よう、

⑤感 ⑥味 ⑦予想 ⑧感想

19 号・向・君・命・問　39・40ページ

6 ①む ②いのち ③くん ④と
⑤きみ・ばんごう ⑥もん〈だい〉
⑦〈うん〉めい ⑧とん〈とい〉〈や〉
⑨ほうこう

7 ①君 ②向かう ③問〈屋〉 ④〈運〉命
⑤君・番号 ⑥問 ⑦方向 ⑧命
⑨問〈題〉

20 かくにんドリル⑤　41・42ページ

1 ①あいて ②ようい ③ひめい
④きゅうこう ⑤ばんごう ⑥かんしん

2 ①｛あくにん／わる ②｛もん／と
③｛めい／いのち ④｛きゅうそく／いき

3 ①感想 ②方向 ③君 ④意味 ⑤味
⑥君 ⑦局 ⑧相談 ⑨問 ⑩悪

4 ①味わう ②悲しい ③急ぐ ④向かう

21 皿・血・皮・波・取・屋　43・44ページ

7 ①かわ ②なみ ③けつ ④こや
⑤さら・と ⑥ひ・ち ⑦おくじょう
⑧しゅ〈ざい〉 ⑨でんぱ

8 ①小屋 ②皿・取 ③血 ④波 ⑤取〈材〉
⑥皮 ⑦皮・血 ⑧電波 ⑨屋上

22 由・曲・申・守・客　45・46ページ

6 ①ま ②しゅ〈び〉 ③きゃく ④もう
⑤ゆらい ⑥さっきょく ⑦じゆう
⑧まも ⑨〈る〉す

7 ①客 ②守〈備〉 ③由来 ④申し
⑤守る ⑥曲がる ⑦作曲 ⑧自由
⑨〈留〉守

23 宮・実・寒・温・度　47・48ページ

6 ①あたた ②みの ③かん ④おんど
⑤きゅう ⑥み ⑦みや ⑧じっ〈けん〉
⑨さむ

7 ①実る ②温度 ③温かい ④宮 ⑤実
⑥寒い ⑦寒風 ⑧実〈験〉 ⑨宮

24 かくにんドリル⑥　49・50ページ

1 ①おんど ②ひ ③と ④きゃく
⑤さら ⑥かん

2 ①｛きゅう／みや ②｛なみ／でんぱ
③｛み／じっ ④｛ごや／おくじょう

3 ①自由 ②血 ③作曲 ④守 ⑤守
⑥皮 ⑦取 ⑧由来

4 ①実る ②申し ③曲がる ④守る
⑤寒い ⑥温かい

ポイント

2 ②「電波《でんぱ》」の「波」は「ぱ」、③「実《じっ》〈験《けん》〉」の「実」は「じっ」という音になります。書くときに注意《ちゅうい》しましょう。

25 氷・羊・畑・炭・岸・島　51・52ページ

7 ①ようもう ②せきたん
③きし・はたけ ④ひつじ ⑤すみび
⑥はんとう・はた ⑦ひょうざん
⑧こおり ⑨しま・かいがん

8 ①石炭 ②羊 ③氷山 ④羊毛 ⑤氷
⑥炭火 ⑦島・海岸 ⑧岸・畑
⑨島・畑

26 幸・福・昔・暗・暑　53・54ページ

6 ①こうふく ②むかしばなし ③あんき
④さいわ ⑤くら ⑥しょちゅう
⑦あつ ⑧しあわ

7 ①幸せ ②暑中 ③昔話 ④暗記
⑤暑い ⑥幸い ⑦暗い ⑧幸福

27 勝・負・整・列・受 55・56ページ

6 ①お ②う ③ととの ④じゅ〈けん〉 ⑤ぎょうれつ ⑥ま ⑦しょうぶ・か ⑧せいり

7 ①行列 ②負ける ③受〈験〉 ④負 ⑤整理 ⑥受ける ⑦整える ⑧勝負・勝

28 かくにんドリル⑦ 57・58ページ

1 ①せいり ②しあわ ③ぎょうれつ ④こうふく ⑤むかしばなし ⑥あんき

2 ①｛こおり／ひょうざん｝ ②｛ひつじ／ようもう｝ ③｛か／しょうぶ｝ ④｛かいがん／きし｝

3 ①負 ②石炭 ③島 ④幸福 ⑤炭火 ⑥受 ⑦畑 ⑧畑

4 ①負ける ②暗い ③幸い ④整える ⑤受ける ⑥暑い

29 運・動・転・軽・練・習 59・60ページ

7 ①うご ②なら ③ころ ④けいしょく ⑤うんてん ⑥れんしゅう ⑦ね ⑧かる・うんどう ⑨はこ

8 ①転がる ②練 ③軽い・運動 ④習う ⑤練習 ⑥運ぶ ⑦運転 ⑧動く ⑨軽食

30 表・面・帳・助・勉 61・62ページ

6 ①おもて ②〈はっ〉ぴょう ③てちょう ④ひょうめん ⑤べんきょう ⑥たす ⑦じょげん ⑧あらわ

7 ①手帳 ②表面 ③助ける ④助言 ⑤表す ⑥表 ⑦〈発〉表 ⑧勉強

31 礼・神・祭・持・待 63・64ページ

6 ①〈しょ〉じ ②さい ③かみ〈さま〉 ④れい ⑤も ⑥じんじゃ・ま ⑦きたい ⑧まつ ⑨しんわ

7 ①神話 ②礼 ③祭り ④〈所〉持 ⑤神〈様〉 ⑥待 ⑦期待 ⑧神社・寺 ⑨祭

---

32 かくにんドリル⑧ 65・66ページ

1 ①てちょう ②さい ③けいしょく ④じんじゃ ⑤うんてん ⑥れい

2 ①｛きたい／ま｝ ②｛じ／も｝ ③｛かみ／しんわ｝ ④｛れんしゅう／ね｝

3 ①運動 ②表 ③軽食 ④勉強 ⑤表面 ⑥助言

4 ①動く ②祭り ③転がる ④表す ⑤運ぶ ⑥軽い ⑦習う ⑧助ける

33 泳・油・消・流・深 67・68ページ

6 ①すいえい ②しょうか ③しん・け ④き ⑤りゅうこう ⑥なが ⑦あぶらえ ⑧ふか・およ ⑨せきゆ

7 ①水泳 ②流れる ③油絵 ④消える ⑤石油 ⑥深・消 ⑦深・泳 ⑧消化 ⑨流行

34 湖・港・湯・漢・宿・題 69・70ページ

7 ①みずうみ ②くうこう ③こすい ④かんじ・しゅくだい ⑤やど ⑥だいめい ⑦ゆ ⑧〈ねっ〉とう ⑨みなとまち

8 ①湖 ②〈熱〉湯 ③空港 ④港町 ⑤湯 ⑥宿り ⑦題名 ⑧漢・宿題 ⑨湖水

35 坂・返・板・庫・庭 71・72ページ

6 ①こうてい ②かえ ③いた ④さかみち ⑤にわ ⑥〈てっ〉ぱん ⑦へんじ ⑧ぶんこ ⑨こくばん

7 ①坂道 ②庭 ③〈鉄〉板 ④文庫 ⑤校庭 ⑥黒板 ⑦返す ⑧板 ⑨返事

36 かくにんドリル⑨ 73・74ページ

1 ①へんじ ②くうこう ③すいえい ④こうてい ⑤ぶんこ ⑥ゆ

2 ①｛せきゆ／あぶらえ｝ ②｛ぱん／いた｝

③ け

④ こすい

3 ①坂道 ②流行 ③深夜 ④漢字 ⑤宿題 ⑥湯 ⑦庭 ⑧港町

4 ①流れる ②深い ③消える ④返す ⑤泳ぐ ⑥宿り

37 苦・落・葉・薬・起　75・76ページ

6 ①にが ②くる ③らくよう ④は・お ⑤お ⑥くしん ⑦やっきょく・くすり ⑧らく ⑨きりつ

7 ①薬局・薬 ②落葉 ③起立 ④苦心 ⑤落ちる ⑥苦い・葉 ⑦起きる ⑧苦しい ⑨落

38 笛・第・等・筆・箱・美　77・78ページ

7 ①だい ②びじん ③うつく ④ひと ⑤ふえ ⑥きてき ⑦ふでばこ・ぴつ ⑧じょうとう・ふで

8 ①上等・筆 ②等しい ③汽笛 ④筆箱・筆 ⑤美しい ⑥笛 ⑦第 ⑧美人

39 主・住・所・注・柱　79・80ページ

6 ①ところ ②しゅじんこう ③ちゅうい ④じゅうしょ ⑤す ⑥おも ⑦そそ ⑧はしら・ぬし ⑨でんちゅう

7 ①住 ②注ぐ ③主 ④注意 ⑤主人公 ⑥電柱 ⑦柱・主 ⑧所 ⑨住所

40 かくにんドリル⑩　81・82ページ

1 ①じょうとう ②きりつ ③はしら ④ばしょ ⑤にが ⑥す

2 ①{ぴつ／ふで} ②{やっきょく／くすり} ③{しゅじん／ぬし} ④{きてき／ふえ}

3 ①葉 ②落 ③第 ④電柱 ⑤住所 ⑥筆箱 ⑦主 ⑧注意

4 ①等しい ②落ちる ③注ぐ ④美しい ⑤苦しい ⑥起きる

41 追・速・進・遊・着　83・84ページ

6 ①すす ②お ③き ④ゆうえん・つ ⑤しんこう ⑥ちゃく ⑦あそ ⑧そくど・はや ⑨つい〈か〉

7 ①着 ②着 ③追 ④進行 ⑤遊園・着 ⑥遊ぶ ⑦速・速い ⑧進む ⑨追〈加〉

42 都・部・終・級・緑　85・86ページ

6 ①ぶぶん ②しんりょく ③つごう ④みどり・みやこ ⑤がっきゅう ⑥しゅうてん ⑦とし ⑧こうきゅう ⑨お

7 ①新緑 ②都市 ③高級 ④終わる ⑤都合 ⑥緑・都 ⑦部分 ⑧学級 ⑨終点

43 酒・配・農・業・駅　87・88ページ

6 ①しゅ ②さぎょう ③さけ ④しんぱい ⑤くば ⑥さかや ⑦えきまえ ⑧のうぎょう

7 ①農業 ②酒屋 ③心配 ④作業 ⑤駅前 ⑥酒 ⑦酒 ⑧配る

44 鉄・銀・章・童・開　89・90ページ

6 ①ひら ②あ ③てつ ④ぶんしょう ⑤かいてん ⑥どうわ ⑦ぎんいろ ⑧あ

7 ①銀色 ②文章 ③鉄 ④開店 ⑤開く ⑥開ける ⑦開 ⑧童話

45 かくにんドリル⑪　91・92ページ

1 ①さぎょう ②どうわ ③そくど ④お ⑤しんぱい ⑥てつ

2 ①{とかい／みやこ} ②{しゅ／さけ} ③{しんりょく／みどり} ④{ちゃく／つ}

3 ①農業 ②学級 ③追 ④銀色 ⑤駅前 ⑥都合 ⑦文章 ⑧部分

4 ①速い ②配る ③開く ④遊ぶ ⑤進む ⑥終わる

46 重・乗・族・旅・球 93・94ページ

6 ①の ②おも・かさ ③たびびと ④え
⑤たいじゅう ⑥やきゅう・たま
⑦じょうしゃ ⑧かぞく・りょこう
⑨ちょう

7 ①重い ②旅・乗 ③乗 ④体重 ⑤重
⑥族・旅 ⑦重ねる ⑧野球・球 ⑨重

47 発・登・詩・調・路 95・96ページ

6 ①しら ②のぼ ③とうじょう
④はっぴょう ⑤どうろ ⑥し
⑦とざん ⑧たびじ ⑨ちょうし

7 ①詩 ②登山 ③発表 ④登場 ⑤旅路
⑥調子 ⑦登る ⑧調べる ⑨道路

48 根・植・様・横・橋 97・98ページ

6 ①う ②しょくぶつ・ようす ③やね
④てっきょう ⑤はし ⑥おう
⑦だいこん ⑧おうさま・よこがお
⑨ほどうきょう

7 ①植える ②歩道橋 ③様・横 ④大根
⑤屋根 ⑥植・様 ⑦橋 ⑧横 ⑨鉄橋

49 階・陽・飲・館・歯・鼻 99・100ページ

7 ①は ②りょかん ③いんしょく
④しかい ⑤かい・やかた ⑥はなうた
⑦たいよう ⑧の

8 ①太陽 ②館・階 ③歯科医 ④鼻歌
⑤歯 ⑥飲 ⑦飲食 ⑧旅館

50 かくにんドリル⑫ 101・102ページ

1 ①やかた・やね ②はなうた
③とうじょう ④じょうしゃ ⑤ようす
⑥ほどうきょう

2 ①おう／よこがお ②どうろ／たびじ
③りょこう／たび ④やきゅう／たま

3 ①詩 ②階 ③飲 ④家族 ⑤歯 ⑥乗
⑦発表 ⑧大根 ⑨太陽 ⑩旅館

4 ①調べる ②登る ③植える ④重ねる

51 3年生のしんだんテスト① 103・104ページ

1 ①さかみち ②きゅう ③おもて
④つごう ⑤てっぱん ⑥やす
⑦こうふく ⑧じょうしゃ

2 ①か／しょうぶ ②はし／ほどうきょう
③しく／つか ④ね／れんしゅう

3 ①九州 ②遊園地 ③旅行 ④新緑
⑤番号 ⑥感想 ⑦調子 ⑧運命 ⑨礼

4 ①真／進 ②速／早 ③球／級 ④投／島

ポイント
4 ②スピードがはやいときは「速《はや》い」、時間や時期《じき》がはやいときは「早い」を使《つか》います。

52 3年生のしんだんテスト② 105・106ページ

1 ①おくじょう ②いみ ③そだ
④なら・はじ ⑤ひと
⑥しんがっき・ま

2 ①わる／あくにん ②たい／びょうどう
③とうじょう／のぼ ④お／らく

3 ①寒 ②都合 ③相次 ④鉄板
⑤王宮・仕 ⑥短 ⑦着 ⑧乗車

4 ①話／放 ②医／委 ③落／楽 ④物／者

ポイント
4 ④形があって、人が見たりさわったりできる物体《ぶったい》は「物《もの》」、人のことをさすときは「者《もの》」を使《つか》います。

小学ドリル

つまずきかい決《けつ》 漢《かん》字《じ》カード

使《つか》い方《かた》

・点線で切《き》り取《と》ってカードにしましょう。

・カードをひっくり返《かえ》して答え合わせができます。

3年生

くもん出版

形がにている漢字《かんじ》

——の読み方を答えましょう。

・板をのこぎりで切る。

・坂道《みち》を進《すす》む。

形がにている漢字《かんじ》

——の読み方を答えましょう。

・第一《いち》いになる。

・弟といっしょに遊《あそ》ぶ。

形がにている漢字《かんじ》

——の読み方を答えましょう。

・旅館《かん》にとまる。

・水《すい》族館《かん》で魚を見る。

形がにている漢字《かんじ》

——の読み方を答えましょう。

・定《じょう》ぎで線を引く。

・緑色《いろ》のペンキでぬる。

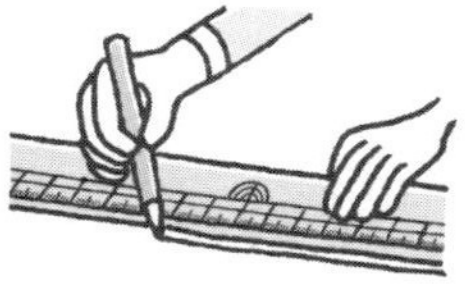

形がにている漢字《かんじ》

——の読み方を答えましょう。

・岩の上にいるペンギン。

・炭火《び》で肉をやく。

形がにている漢字《かんじ》

——の読み方を答えましょう。

・運動《うんどう》場に集《あつ》まる。

・太《たい》陽がてりつける。

形がにている漢字《かんじ》

——の読み方を答えましょう。

・水遊《あそ》びをする。

・グラスに氷を入れる。

小学ドリル

つまずきかい決《けつ》

漢《かん》字《じ》カード

形がにている漢字《かんじ》は
まちがえやすいので、
読み方や使《つか》い方《かた》をしっかり
おぼえよう！

3年生

くもん出版

形がにている漢字《かんじ》

◆——を漢字《かんじ》で書きましょう。

・りょ館《かん》にとまる。

・水《すい》ぞく館《かん》で魚を見る。

形がにている漢字《かんじ》

◆——を漢字《かんじ》で書きましょう。

・だい一《いち》いになる。

・おとうとといっしょに遊《あそ》ぶ。

形がにている漢字《かんじ》

◆——を漢字《かんじ》で書きましょう。

・いたをのこぎりで切る。

・さか道《みち》を進《すす》む。

形がにている漢字《かんじ》

◆——を漢字《かんじ》で書きましょう。

・みず遊《あそ》びをする。

・グラスにこおりを入れる。

形がにている漢字《かんじ》

◆——を漢字《かんじ》で書きましょう。

・運《うん》動《どう》じょうに集《あつ》まる。

・太《たい》ようがてりつける。

形がにている漢字《かんじ》

◆——を漢字《かんじ》で書きましょう。

・いわの上にいるペンギン。

・すみ火《び》で肉をやく。

形がにている漢字《かんじ》

◆——を漢字《かんじ》で書きましょう。

・定《じょう》ぎでせんを引く。

・みどり色《いろ》のペンキでぬる。

小学ドリル

つまずきかい決《けつ》 漢字《かんじ》カード

使《つか》い方《かた》

・点線で切《き》り取《と》ってカードにしましょう。

・カードをひっくり返《かえ》して答え合わせができます。

3年生

くもん出版

同じ読み方の漢字《かんじ》

——の読み方を答えましょう。

・おぼんがひっくり返る。

・早めに家に帰る。

同じ読み方の漢字《かんじ》

——の読み方を答えましょう。

・みんなで山に登る。

・上りの電車に乗《の》る。

同じ読み方の漢字《かんじ》

——の読み方を答えましょう。

・木の実がなる。

・自分の身を守《まも》る。

同じ読み方の漢字《かんじ》

——の読み方を答えましょう。

・屋根《ね》を見上げる。

・一《いっ》けん家に住《す》む。

同じ読み方の漢字《かんじ》

——の読み方を答えましょう。

・早ざきのうめ。

・走るのが速い。

同じ読み方の漢字《かんじ》

——の読み方を答えましょう。

・用事《じ》を思い出す。

・様子《す》をうかがう。

同じ読み方の漢字《かんじ》

——の読み方を答えましょう。

・リレーのせん手になる。

・取ざいを受《う》ける。

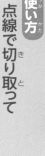

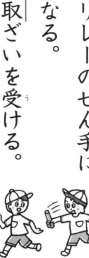

同じ読み方の漢字《かんじ》

◆——を漢字《かんじ》で書きましょう。

・木のみがなる。

・自分のみを守《まも》る。

同じ読み方の漢字《かんじ》

◆——を漢字《かんじ》で書きましょう。

・みんなで山にのぼる。

・のぼりの電車に乗《の》る。

同じ読み方の漢字《かんじ》

◆——を漢字《かんじ》で書きましょう。

・おぼんがひっくりかえる。

・早めに家にかえる。

小学ドリル

つまずきかい決《けつ》

漢《かん》字《じ》カード

同じ読み方の漢字《かんじ》はまちがえやすいので、使《つか》い方《かた》や意味《いみ》のちがいをしっかりおぼえよう！

3年生

くもん出版

同じ読み方の漢字《かんじ》

◆——を漢字《かんじ》で書きましょう。

・リレーのせんしゅになる。

・しゅざいを受《う》ける。

同じ読み方の漢字《かんじ》

◆——を漢字《かんじ》で書きましょう。

・よう事《じ》を思い出す。

・よう子《す》をうかがう。

同じ読み方の漢字《かんじ》

◆——を漢字《かんじ》で書きましょう。

・はやざきのうめ。

・走るのがはやい。

同じ読み方の漢字《かんじ》

◆——を漢字《かんじ》で書きましょう。

・や根《ね》を見上げる。

・一《いっ》けんやに住《す》む。

小学ドリル

つまずきかい決《けつ》 漢字《かんじ》カード

3年生

使い方《つかいかた》

・点線で切《き》り取《と》ってカードにしましょう。

・カードをひっくり返《かえ》して答え合わせができます。

くもん出版

同じ部分《ぶぶん》をもつ漢字《かんじ》

――の読み方を答えましょう。

・神様《さま》をまつる。

・お礼を言う。

同じ部分《ぶぶん》をもつ漢字《かんじ》

――の読み方を答えましょう。

・平泳《ひら》ぎをする。

・委員長《いいんちょう》を決める。

同じ部分《ぶぶん》をもつ漢字《かんじ》

――の読み方を答えましょう。

・車が急に止まる。

・走って息が切れる。

同じ部分《ぶぶん》をもつ漢字《かんじ》

――の読み方を答えましょう。

・先生に相談《そう》する。

・今日《きょう》は調子《し》がいい。

同じ部分《ぶぶん》をもつ漢字《かんじ》

――の読み方を答えましょう。

・重《おも》い荷物《もつ》を運《はこ》ぶ。

・苦い薬を飲《の》む。

同じ部分《ぶぶん》をもつ漢字《かんじ》

――の読み方を答えましょう。

・し育係《いく》になる。

・会社で仕事《ごと》をする。

同じ部分《ぶぶん》をもつ漢字《かんじ》

――の読み方を答えましょう。

・病院《びょう》のたて物《もの》。

・階だんを上がる。

小学ドリル

つまずきかい決《けつ》

漢字《かんじ》カード

同じ部分《ぶぶん》をもつ漢字《かんじ》の使《つか》い方《かた》をおぼえよう！

3年生

くもん出版

◆同じ部分《ぶぶん》をもつ漢字《かんじ》

——を漢字で書きましょう。

・車がきゅうに止まる。

・走っていきが切れる。

◆同じ部分《ぶぶん》をもつ漢字《かんじ》

——を漢字で書きましょう。

・平《ひら》およぎをする。

・委員長《いいんちょう》をきめる。

◆同じ部分《ぶぶん》をもつ漢字《かんじ》

——を漢字で書きましょう。

・かみ様《さま》をまつる。

・おれいを言う。

◆同じ部分《ぶぶん》をもつ漢字《かんじ》

——を漢字で書きましょう。

・病《びょう》いんのたて物《もの》。

・かいだんを上がる。

◆同じ部分《ぶぶん》をもつ漢字《かんじ》

——を漢字で書きましょう。

・し育《いく》がかりになる。

・会社でし事《ごと》をする。

◆同じ部分《ぶぶん》をもつ漢字《かんじ》

——を漢字で書きましょう。

・重《おも》いに物《もつ》を運《はこ》ぶ。

・にがいくすりを飲《の》む。

◆同じ部分《ぶぶん》をもつ漢字《かんじ》

——を漢字で書きましょう。

・先生に相《そう》だんする。

・今日《きょう》はちょう子《し》がいい。

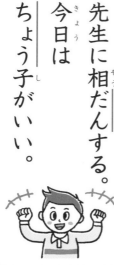

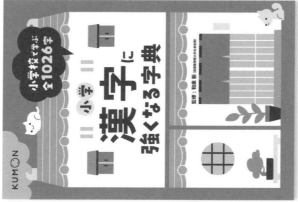

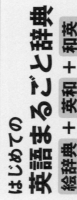

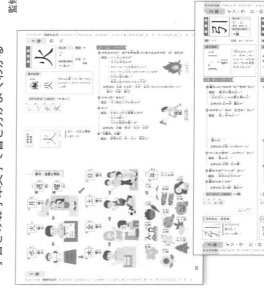

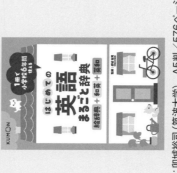